JN000138

もうイライラしない！

怒らない脳

怒る自分、キレる他人に対処する科学的メソッド

茂木健一郎

徳間書店

はじめに

実は私もよく怒っていました。

すべての人は、次の二つに分けることができます。

一つは、怒る人。

もう一つは、怒らない人。

私はかつて前者でした。若いころは、旧態依然としていたり非効率だったりいいかげんだったりする社会に対して、「けしからん!」とよく怒っていたものです。

若いときには多くの人に見られる傾向なのかもしれませんが、自分なりの理想や正義みたいなものがあって、それが実現しないと大いに不満を感じていました。「茂木さんはよく怒っているね」と、周りによく言われたものです。それが今やガラリと変わっています。

今の私は、「怒らない人」です。私をよく知る人からは、「それは言いすぎだろう!」

とツッコミを受けるかもしれませんが、かつてと比べると、雲泥《うんでい》の差があります。

怒ること自体が減っていて、失礼なことをする人、意味のないことをする人を見ても、「こういう人もいるんだな」と受け流せるようになっています。逆に言うと、失礼なことをしたり意味のないことをしたりする人がいると、かつての私は怒っていたということです。

怒らない人になった私が仏になったわけではありません。人間的には大きくなったところがあったとしても（決してカラダのことではありません！）、それで怒らなくなったというのとも違います。

怒っても、何も変わらない。むしろ事態をより悪化させてしまう……。

その事実に気づいたから、怒らなくなりました。気づくまでに何十年とかかりましたが、多くの人が見過ごしていることだから、声を大にして言いたいのです。

よくスーパーやコンビニのレジで待たされたり、飲食店で注文した料理がなかなか出てこなかったりすると、「早くしろ！」「いつまで待たせるんだ！」「いいかげんにしろ！」と怒っている人を見かけます。たぶん今日も日本のどこかでそういうことが起きているのでしょう。もしかしたら、今この瞬間にもそうした事態が発生しているのかもしれません。

お店の人に怒って、何か変わるでしょうか。怒った瞬間にレジの順番が回ってきたり、料理が運ばれてきたりすることは絶対にありません。

レジ係の人や調理する人が急いだとしても、若干早くなるだけ。自分の番になったり料理を食べられるようになったりするのは、数十秒とか数分後です。

それまで待たされるのは、同じ。待たされて不快になっているのは分かりますが、誰かに怒ると、数十秒とか数分、さらにイライラしたまま待つことになります。血圧も上がってきて、自分にとってもいいことはナシ。

これで済めばいいですが、怒られたスタッフが慌ててしまってミスをしてしまったら、さらに待たされることになります。弱り目に祟《たた》り目。

怒られたほうも、顧客を待たせていることは理解できています。「待たせて悪い」と思っているから急ごうとしています。

そんなプレッシャーがかかっている状態で怒られたら、ストレスを感じてしまいます。それがいい方向に出ることはまずありません。ミスを呼び込みやすくなってしまうので、悪い流れが加速します。

これは分かりやすい例ですが、怒ったときには往々にしてこんなことが起こります。あなたが上司として部下に「早くしろ！」と怒ったときも、同じようにミスが発生するのではないでしょうか。反対に、あなたが部下だとして上司に「早くしろ」と怒られたら、やはり慌ててしまってボーンヘッドを起こしかねません。

怒ってもいいことはない――。よく考えれば分かることなのに、怒ってしまうと、そんな大事なことも忘れてしまいます。

怒りは、自分自身から冷静さを奪ってしまいます。イライラしたりカッカしたりすると冷静ではなくなるし、ふだんなら絶対にしないような無謀なことをしでかしかねません。

怒りが解けて冷静になったときに、「大変なことをしてしまった……」と真っ青になってしまう……。そのせいで自分の人生を棒に振ってしまう……。そんな危険性を秘めているから、怒らないほうがいいのです。

怒らない人になってよかったことを挙げるとすれば、人間関係が円満になること。もう一つ挙げれば、脳が活性化すること。

怒らない人は、脳の機能を十分に活かすことができます。仕事では成果を出せるようになるし、勉強では成績がアップすることでしょう。本書では、あなたの脳を「怒らない脳」に変えることで仕事や勉強のパフォーマンスをアップさせる方法をお話ししていきます。

怒らない脳には、知られざる秘密があります。その秘密は、本文で詳しくお伝えしていきます。

本書を読んで、あなたも怒らない人になりましょう。

「怒らない脳」にバージョンアップしましょう。

どんな変化が自分自身に起きるのか、そんなワクワクした気持ちで読み進めてもらえれば、幸いです。

茂木健一郎

もうイライラしない！
怒らない脳
怒る自分、キレる他人に対処する科学的メソッド

目次

第2章 怒るとき、脳はこうなっている……47

第3章 キレそうになったときのとっさの対処法……87

第4章

怒っていることを相手にうまく伝える

第5章

今日から始める怒らない習慣……153

編集協力／岩崎英彦
装丁／大谷昌稔
企画協力／大平彩佳
帯写真／蓮沼昌宏
校正／㈱鷗来堂
組版／㈱キャップス

第1章

なぜ人は怒るのか

日本はGNA世界一の国

私自身、日本が世界一なのではないかと密かに思っているものがあります。いきなりですが、あなたはなんのことだと思いますか。

行きたい国。治安のよさ。個人の貯蓄高。満員電車の混雑率。マンガやアニメのコンテンツ数。食べ物のおいしさ……。

こうしたものは確かに世界一かもしれません。私もそれに異論はないですが、実はもっと深刻なものです。

冒頭から不安をあおるようなことは言いたくないですが、おそらく事実です。それは、怒り。

日本ほど怒りが満ちている国はほかにはない……。あくまでも私の体感ですが、そう言っても過言ではないでしょう。

その証拠に、新聞やテレビなどのマスメディアであおり運転やＤＶ、あるいは駅員や店員への暴力など、怒っている人の事故・事件が連日のように報道されています。目にしない日のほうが珍しいくらいです。

またSNSをはじめとするインターネットの世界にも、怒りがあふれています。故意か偶然か、罪になるかならないかはともかく、世間を騒がした人への誹謗中傷、個人攻撃があとを絶ちません。

そのほとんどは、匿名によるものです。「誰だか分からない」という安心感があるからこそ、平気で他人のことを悪しざまに言うことができるのでしょう。これほど卑怯なことはありません。

怒りが蔓延している……。それが、今の日本です。

悲しいかな、これが現実。「そんなことはない」と認めない人がいるとすれば、現実から目を背けているだけです。「GNA世界一」となっているのが、21世紀の日本です。

ちなみに、国内の生産活動を指標化したのが、GNP（Gross National Product、国民総生産）。これはかつて日本は世界で第二位にまでなりました。バブルのころは世界一位のアメリカを追い抜くのではないかと、言われたこともあります。

その国の幸せを指標化したのが、GNH（Gross National Happiness、国民総幸福量）。有名なのはブータン。経済が豊かではなくても国民一人ひとりが笑顔で幸せな国だと、世界中から注目を集めています。


さて、GNA。

これが何を表しているのかと言うと、国民総怒り量（Gross National Anger）。その国の怒りを指標化したもので、私の造語です。

「どうりで聞いたことがないと思った」

そんなふうに言う人がほとんどでしょうか。でも、GNA世界一と言うと、なんとなく身につまされませんか。

「そんなことはない。私は怒ったことなんかない」

なかにはそう言い張る人もいるかもしれません。あなたが怒らない人だとしても、**身の周りにはキレたり顔を真っ赤にしている人がいる**のではありませんか。

犬も歩けば、怒っている人に当たる。

こう言ったら大げさでしょうが、道を歩いていて前をダラダラと歩いている人がいると、「チェッ」と舌打ちをしたり、買い物に行ったスーパー・コンビニでモタモタしている店員に「早くしろ」と声を荒らげたり、ミスをした部下を上司が叱り飛ばしたりするのを見かけるのは、日常茶飯事です。

気づいている／いないにかかわらず、日常生活には怒りがあふれています。「GNA世界一」と言っても決して言いすぎではないことは理解してもらえるのではないでしょうか。

怒りを理解するヒント

周りを見ると、イライラしている人が多いことに気づこう

怒りのモトはこれだ！

怒るのはいいことなのか。それともよくないことなのか。

こう聞かれれば、ほとんどの人が後者を挙げるはずです。前者と答える人はまずいません。

ミスをしてしまった部下を一喝してしまった。ゲームばかりして勉強しない子どもにガミガミ言ってしまった。注文した商品がなかなか来ないので、店員に罵声を浴びせてしまった……。

「よくないこと」だと認識しつつも、つい怒ってしまう……。怒りには、そうした不可抗力的なところがあります。

怒りとは、「不快」な感情です。間違っても、「快」の感情ではありません。

不快だから、それを表明するために怒ることになります。本人にすれば、それは正当な行為。にもかかわらず、後味の悪さを感じるのは、本当はしたくないからです。

「別に怒るほどのことでもなかった」
「何もあんな言い方をしなくてもよかった」
「ちょっと言いすぎたかな」
怒った本人にも「みっともない」という自覚がありますが、不快な感情を処理しきれないから、「怒る」という手段を選択することになります。それでいい方向に向かえばいいのですが、たいていは気まずい結果に終わります。怒るのは、後の祭り。

もう少し怒りを掘り下げてみましょう。不快な感情と言いましたが、大まかに分類することができます。

それは、次の三つ。「不安」「不満」「不調」です。一つひとつ見ていきます。

①不安

不安とは、この先どうなるか分からないということ。**先が見通せないから不安になります**。うまくいきそうもないという不安が、やがて怒りにつながります。

電車が故障して止まってしまったとき、時間どおりに目的地に着けるかどうか分からなくなって不安になります。車内アナウンスもないと、「何をやっているんだ！」と怒り出す人もいます。せめて何分後に運転を再開するというアナウンスでもあれば、止まっている間に対策を立てることもできますが、それもなければ「どうなるのだろう？」という不安が怒りに変わっていってしまいます。

②不満

せっかく商品を買ったのに、欠陥が発覚したとしたら、「これはひどい！」と、不満を持ちます。値段が高かったり探し回ってやっと見つけたものだったりすれば、不満が怒りに変わります。

不満とは、現状が期待や想定より下回っているときに持ちます。不満を持つのは、「こうあるべき」とか「これくらい」という基準がある場合が多いです。現状がその基準を満たしていないと、「これでは不十分だ」という欠乏分が許せないから、つい怒りたくなります。

逆に、最初からそうした基準を持っていなければ、現状がそれほど思わしくなくても、「こんなものかな」と妙に納得しがちです。これはあきらめにつながることもありますが、少なくとも不満による怒りに発展することはありません。

③不調

コンディションがよくなかったり、出来が悪かったりすると、イライラしがちです。それは、**本来はもっとできるはずなのに、現実がそうなっていないから。**

現状がうまくいっていないから、その不調が怒りに変わっていきます。この怒りは、ほとんどが自分に向けられたものです。

もっとも、自分に怒りをぶつけるのは、なかなか難しいものです。自暴自棄になるか、矛先が他人やモノに向かうことになります。

後者は、いわゆる八つ当たり。この場合、全然関係ないのにとばっちりを受けるので、迷惑千万です。

以上三つが、怒りのモトです。整理すると、現状および将来がうまくいかない（いきそうもない）から不快になってしまうということ。

もし現状がうまくいくか、未来がうまくいきそうなら、怒ることもありません。その意味では、好ましくないから怒っているわけで、それだけ本人にとって逼迫した状況にあることを示しています。

だからと言って、怒っていいということにはなりません。本人が気づいていない可能性がありますが、現状および未来はいくらでも変えることができます。

うまくいっていない、あるいはうまくいきそうになくても、これからの行動によって好ましい状況に変えることは十分に可能です。いくら状況がよくなくても、怒ってしまえば、それも水の泡。

絶交した。取引が中止になった。左遷されてしまった……。

ついカーッとなったばかりに、こんなことになってしまったら、一生後悔することになります。怒っていいことなど何一つありません。

怒ったら、状況はますます悪化する……。このことだけは肝に銘じておきたいことです。

怒りを理解するヒント

「不安」「不満」「不調」を解消しよう

いい怒りと悪い怒り

「怒っていいことなど何一つない」

こう言っておいてなんですが、世の中には「いい怒り」もあります。怒っていいときもあるのです。

「『怒るな』と言ったり、『怒ってもいい』と言ったり、どっちなんですか？」

なかには、矛盾を感じて怒り出す人もいそうです。もっとも、これでカーッとなってしまったたら、それはよくない怒りです。

怒りには、いいものと悪いものがあります。前者に関しては持ってもいいですが、後者については持つべきではありません。両者の違いについて、説明します。

まずは悪い怒り。これは人を不快にさせるもので、前述した三つの怒りが当てはまります。

これについては、すでに納得してもらえるのではないでしょうか。悪い怒りが自分にも相手にもいい結果を及ぼすことは皆無です。

一方のいい怒りについては、現状や未来を大きく変えようとするものです。状況が好ましくないのは、同じ。

それでもその怒りを改善やイノベーションにつなげていきます。自分および誰かの行動を変えることで、よくない現状や未来を好ましいものに改善していきます。


その代表的人物が、スウェーデンのグレタ・トゥーンベリさん。まだ10代の彼女は、環境活動家として温暖化対策を進めようとしない世界の政治家たちに向かって、遠慮会釈なく激しい怒りのメッセージを発しています。

現実を見ると、温暖化による影響で世界各地に災害が起こり、これからもその傾向は加速しそうです。現状および未来が好ましくないのは、誰の目にも明らかです。彼女一人がそう感じているのではありません。

彼女は、自分および誰かの行動を変えて、現在および未来をよりよいものにしていくために怒っています。そのメッセージが過激なため、バッシングを受けることもありますが、ひるむところがありません。

もし彼女が同じメッセージを穏やかかつやさしく語りかけるようにしたら、世界中に届くことはなかったでしょう。怒りを隠さず露わにしていたから、彼女のメッセージが世界中の多くの人に届いたのです。

彼女は、温暖化がみすみす進むことを許そうとしません。それによって不利益を被る人もいるし、これからますます被害が拡大すると分かっているから、指をくわえてガマンして見ているだけでなく、怒りを表明し、行動に移しています。

世の中を変えて、現状および未来をよりよきものにしていくのであれば、その怒りはいいものです。**いい怒りとは、改善、イノベーションにつながっていくもの。**それを持つのは、誰にとっても必要なことです。

持っていいのはいい怒り。持つべきではないのは、悪い怒り。

ふだんは怒らないでいるのがベストですが、何かを改善していく必要性を感じたら、ときどき怒るのもいい。そのときは遠慮しなくてもいい。

まとめると、こうなります。こう書くと、怒りについて言い尽くしたかのような印象を与えそうですが、そんなことはありません。

怒りは、もっと複雑です。また奥が深いものです。これで一件落着ではなく、まだまだ語ることはたくさんあります。

怒りを理解するヒント

現在や未来をよりよくできるのなら、怒ってもいい

何に怒るのかは、その人の価値観に基づく

不快だから怒るとしても、その基準は人それぞれ。不安・不満・不調には、程度の差もバラつきもあります。

同じ対応をしたのに、Aさんは怒っても、Bさんはまったく怒らないということは十分に考えられます。反対に、AさんはOKだったのに、Bさんはキレてしまったと

いうこともあり得ます。一人ひとり基準が違うから、怒りはやっかいなのです。

何に対して怒るのかは、ほとんどの場合、その人の価値観に基づきます。その人が**大事にしているものがないがしろにされたり不当に扱われたりすると、怒り出す**と言っていいでしょう。

その価値観が分かっていれば、少なくともそれを邪険にすることがなければ、その人が怒ることはありません。逆に、その価値観を軽く扱ったりすると、烈火のごとく怒ることもあります。

多くの場合、その価値観はなかなか分からないものです。付き合いが長い間柄でも、つかめないこともあります。

その意味では、**価値観は地雷**。それを踏んでしまったら、相手を怒らせるし、うまくよければ、怒りを回避できます。判別しにくいものですが、手探りで見つけ出していくしかありません。

ちなみに、どういうものが価値観になるのかと言うと、次の五つ。取るに足らないもの、時代遅れに感じるものもあるかもしれません。一つひとつ見ていきます。

①決まりごと

世の中には、常識やマナー、ルールなどのたくさんの決まりごとがあります。それは、古くから続いているものもあれば、新しくできたものもあります。合理的なものもあれば、どう考えても不合理なものもあります。

身だしなみに関することなどが、その最たるケースです。シャツをズボンの中にいれないでいると、「だらしがない」と言われたり、髪の毛を染めたりしていると、「日本人らしく黒髪にしろ」などと説教されることは、日常茶飯事。

「決まりごとだから守らなければいけない」と考えている人は、個人の自由に関するものであっても、守らないでいる人を見ると、烈火のごとく怒ります。「守るのは当然」だとして、一歩も譲らずにいます（念のために言うと、法令に関しては、守らなければなりません）。

②真面目・勤勉

仕事でも勉強でもスポーツでも、真面目に取り組むのは、当然のこと。与えられた任務や課題はこなさなければなりません。

とは言え、真面目にやってさえいれば必ず成果が出るわけでもありません。「真面目にコツコツ」が合う人もいれば、手短にパパッとやるほうがいい人もいます。なかには、適度にサボりながらやる人もいるかもしれません。

真面目に取り組むことは、大事なことです。また素敵なことです。だからと言って、すべての人に当てはまるのかと言うと、それはちょっと違います。

真面目にやっている人、真面目にやらなければならないと考えている人は、手短にかたづけたりサボったりする人を見ると、「いいかげんだ！」と非難します。なおかつそれらの人が自分より成果を挙げたりすると、「あんな人たちは許せない！」と、猛烈に怒り出します。その気持ちは分からないでもありませんが……。

③高い理想や要求

能力があって、求める理想が高い人は、自分に対しても、また他人に対しても、要求が厳しくなりがちです。「この程度はできて当然」「これくらいはできなければならない」という高めのハードルを自分にも他人にも設定します。

相手の年齢やキャリアに関係なく、そのハードルをクリアできないと、「なんでこんなことができないんだ！」と、人格を否定するかのような言い方をします。テストでいい点数が取れない子どもを怒る、いわゆる教育ママがこのタイプです。

自分に対しても、その要求は厳しくなります。本人にとってはできて当然。できないと、「こんなことができないなんて、ダメなやつだ」と、自分に対して怒りをぶつけます。これがいきすぎると、自己肯定感の低下につながってしまいます。

④忍耐・ガマン

「最近の若い者は……」

これは、いつの時代にも言われる年配者の常套句《じょうとうく》です。不平不満も言わずに頑張ってきた自分たちを上げて、ガマンできずにカンタンに音《ね》を上げてしまう若者をディスっています。自己満足と軽蔑が入り混じった怒りです。

その対象は、たとえば、就職してもすぐに辞めてしまう若者など。忍耐やガマンをしなければならないときは、確かにあります。「石の上にも三年」にもうなずけますが、すべてにおいて言えることではありません。

ブラック企業に就職してしまったケースなどは、ムリして3年もいるのは、本人にとって不幸です。忍耐やガマンは美徳になるときもあれば、そうならないときもあります。

⑤横並び・集団主義

「みんな一緒なのは当然」「一人だけ違うのはワガママ」「どうしてそんなことをするの？」

集団主義が色濃く残る日本では、職場でも学校でも、個人的なネットワークにおいても、横並びが求められます。それに反することをしようとすると「和を乱す」と、問答無用で怒られるし、ひどい場合には村八分にされてしまいます。

ラグビー日本代表は、2019年に行われたワールドカップで初めてベスト8に進出。その活躍は、日本中を歓喜の渦に巻き込みました。

このラグビー日本代表の合言葉となったのが、ワンチーム。これは、前述した集団主義や横並びとは似て非なるものです。

ワンチームは、高い目標を掲げて、それを全員で達成するべく一つにまとまるというもの。そこには、個人の尊重があります。

対して、横並び・集団主義は、有無を言わさずに一つにまとめてしまうもの。個人を尊重していないし、乱暴なものです。

その代表例が、就職におけるリクルートスーツ。就職活動では企業に好まれる服装があるらしくて、それを身につけていないと採用されないと、まことしやかに言われています。これは、悪しき例で、ワンチームとはほど遠いものです。

決まりごと。真面目・勤勉。高い理想や要求。忍耐・ガマン。横並び・集団主義。これら五つは、多くの日本人が持つ価値観です。なかには、三つも四つも持つ人もいるかもしれません。

これらの価値観に反する人がいると、相手に対して怒りを表明する人は、本当に多いです。あなたにも突然、カミナリを落とされた経験があるでしょうし、もしかしたら逆に誰かに怒っている人もいるでしょう。

怒る人にとっては、こうした価値観はとても大事なものです。自分はもちろん、周りにいる人たちも「守るべき」だと信じています。その人にとっては、それほどその価値観は強固。守らない人がいると、許せなくなって怒り出します。

もっとも、それは価値観の押しつけでもあります。先に挙げた五つは、永遠不変の価値観でもありません。時代や場所によって、カタチを変えたりします。必ずしも「守らなければならない」とは言えないのです。

そのことに思い至らない人もたくさんいて、守らない人を見ると、つい怒ってしまっています。自分の価値観は正しくて、守らない相手が悪いと一方的に決めつけているので、やっかいです。

こういう人は怒る人ですが、同時に煙たがられる人でもあります。「触らぬ神に崇りなし」で、そのうちに近づく人がいなくなったりすることでしょう。

怒りを理解するヒント

相手に価値観を押しつけない

私が怒らなくなった理由

ここまで怒りとは何か、また怒る人の特徴について見てきました。「なるほどね」と納得してくれたり「そうそう、こういう人いるね」と共感してくれたりしたことでしょう。あるいは、「そういうことなのか」と、意外に思う人もいるかもしれません。

怒りは、世の中の至るところにあります。それは避けて通ったほうがいいものです。なおかつ、自ら生み出すものでもありません。

「はじめに」でお話ししたとおり、以前の私は怒りっぽいほうでした。講演会といった大勢の人がいる場でもキレたことがあります。

「茂木はすぐに怒る」

そう言われたことは一度や二度ではありません。そんな私が怒らなくなったのには、理由があります。そのことについて、少しお話しします。

怒らなくなったのは、大人になった、あるいは成熟したから。自分で言うのもなんですが、そういう面はあります。今だからこそ人前で怒ったりするのは、「若気の至り」だと、ハッキリ言えます。

しかしながら、本当の理由は、大人になったことではありません。私なりに分析したところ、次の三つのことが分かったからです。

・相手にとっていいことがない
・相手が変わらない
・相手の一部分だけを見ている

一つひとつ説明していきます。

怒りを理解するヒント

怒るのは「若気の至り」

怒っても、相手にとっていいことがない

「あんなことを言わなければよかった……」

頭に血が上って、つい相手を傷つけるような発言をしてしまった経験は、誰にでもあるものです。もちろん、私にもあります。

自分を抑え切れずに起こった結果がどうなるかと言うと、たいていの場合、いいことが何もありません。相手と決裂して、絶交状態になってしまうこともあれば、出入り禁止になってしまうこともあります。

自分がダメージを受けるくらいなら、まだ許せます。それは、自業自得です。

思いを巡らすべきなのは、相手のダメージです。こちらの行動で相手を傷つけてしまったかどうかは、十分に配慮しなければならないことです。

もっとも、それに気づくのは、ずっと後のこと。

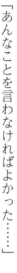

怒っているときは自分の感情が高ぶっているがゆえに、相手のことを心配したり気遣ったりする余裕もありません。

「傷つけてしまった……」

ようやくそう認識するのは、相手との関係が断たれてから。そうなってしまったのは、相手の傷がそれだけ深かったことにほかなりません。

関係が悪化して音信不通になってしまえば、仲直りしたり恩返ししたりするチャンスをもらうこともできません。自分よりも相手にとっていいことがないのは、問題とすべきことです。

怒りを理解するヒント

怒りは、相手を傷つけてしまう

怒っても、相手は変わらない

ミスをした部下を怒る。勉強しない子どもを怒る……。

どちらもありふれた光景ですが、いくら相手を思って怒ったとしても、その後、部下がミスをしないようになる、あるいは子どもが勉強をするようになるかと言うと、大いに疑問です。

怒っても、相手はまったく変わりません。むしろ萎縮してしまって、ますますミスをしたり勉強しなくなったりします。

怒りで相手を変えようとするのは、典型的な外圧です。それがすさまじければ、言うことを聞く人もいます。

もっとも、それは表面上だけ。実際は怒っている上司や親の言うことを右の耳から左の耳へと受け流しています。

いわゆる面従腹背《めんじゅうふくはい》。部下は仕事のやり方を変えないし、子どもは勉強するふりをしてゲームをやったりマンガを読んだりしています。表面上は言うことを聞いているように見えるので、上司や親は「ようやく分かってくれたか」と、安心したり感激したりしますが、絵に描いた餅に終わります。

自分自身が本気にならなければ、人間は変わらないものです。

怒られたら、ますます意固地になって変わろうとはしません。

「お前のことを思って」

「キミのためだ」……

こんなふうにもっともらしいことを言って、相手を怒る人がいますが、それは前述した価値観の押しつけと同じ。言われたほうは「ウザい」とか「別に頼んでいないし」と、しらけています。

怒って人を変えるのは、不可能。そんなことをするのは、怒るほう、怒られるほうの双方にとって、時間のムダです。

怒りを理解するヒント

「相手のため」を思って怒っても効果はない

相手の一部分だけを見て怒っている

時間にルーズな友人が、約束の時間に10分遅れてきたとき。何度も「時間厳守だぞ」と言い聞かせていたのに、案の定遅れてきたら、やはりイライラします。

しかも友人は、遅れてきたことをまったく意に介していません。何ごともなかったかのように、ひょうひょうとして現れます。

「今日は大事なアポがあるから、『遅れるな』と言ったはずだぞ。本当にルーズなヤツだな」

顔を真っ赤にしてこう言いましたが、友人は「いいじゃないの、少しくらい」と悪びれることがありません。そのいいかげんさが、怒りの火に油を注ぐことになります。

どこにでもありそうな光景ですが、時間にルーズな友人を怒ってしまうこの人には、同情の余地があります。「怒って当然」と同意する人もたくさんいそうです。

確かに友人は時間にルーズです。大事なアポが入っている日まで遅れてくるのは、社会人失格です。

だからと言って、時間にルーズなのは、この友人のほんの一部分。言い換えれば、短所の一つ。

この友人には、「親切」で「やさしい」ところがあります。またアイデア豊富で、センスがいいという長所を持っていたりします。


「時間にルーズだ」と怒るのは、一見すると理にかなっているように見えます。そうは言っても、それはあくまでもその人の一部分。時間にルーズなところだけを過剰にマイナス評価して、ほかのいいところには見向きもしなくなっていると言えます。

これは、典型的な減点評価。時間にルーズなところだけを見て、全体の評価にしてしまうのはいきすぎです。本人にすれば、たまったものではありません。

どんな理由で怒ったとしても、不快に感じたり許せなかったりするのは、あくまでもその人のほんの一部分。そこだけをルーペで拡大して見ても、その人の全体や実像をつかむことにはなりません。

こういうムリやりすぎる拡大解釈をしたら、相手を見誤ります。相手との関係も破綻することになりかねません。

怒りを理解するヒント
相手の気に入らないところは、その人のほんの一部分

怒らなくなるのは人類の究極の目的

私が怒らなくなった理由を、三つお話ししました。

・怒っても、相手にとっていいことがない
・怒っても、相手は変わらない
・相手の一部分だけを見て怒っている

言われてみれば、「確かにそうだね」と納得してくれる人は多いでしょう。実際問題、それを意識している人は少ないものです。

やはり不快な出来事が起こって、不安になったり不満を持ったり不調になったりすると、イライラしたり頭に血が上ったりします。「何をやっているんだ！」「どういうことなんだ！」と、つい怒鳴ってしまいます。

かつての私もそうでしたから、「怒らないほうがいいですよ」と言うのは、正直言って、おこがましいにも程があります。それでも先の三つことに気づいてからは、何があっても穏やかな気分でいるように努めています。

怒らないほうが気分がいいし、何をするにしても成果が挙がります。イライラしながら、あるいは怒りをフツフツとたぎらせながら、仕事をしたとしても、いい判断はできないし、アウトプットもできません。

大げさに聞こえそうですが、私自身は「怒らない人生を送ることが人類の究極の目的」だと見なしています。これからの人生をそのように過ごしたいと、心から思っています。

怒らない生き方を選ぶほうが、怒ってばかりの生き方を余儀なくされるより絶対にいいに決まっています。そうした生き方をするには、どうしたらいいのかと言うと、その処方箋を第3章以降にお話ししていきます。

次の第2章では、怒っているときの脳の状態、怒りが脳に及ぼす影響などについて、お伝えします。「急がば回れ」で、次の章の内容をしっかり理解すると、怒らない生き方をするための処方箋を実践しやすくなります。

「そんな能書きはいい！」

せっかちな人は、第3章に進んでも大丈夫。とは言え、処方箋を知って実践していくうちに、なぜきくのかを知りたくなることでしょう。

その秘訣が、第2章に書かれています。後から第2章を読んで、「なるほど、そういうことか」と腑に落ちるはずです。

どちらに進んでもOK。ご期待ください。

怒りを理解するヒント

怒らないことを目的にしよう

この章のまとめ

- 今の日本は世界で一番怒りが蔓延している国。
- 怒りのモトは「不安」「不満」「不調」という三つの不快の感情。
- 改善やイノベーションにつながる「いい怒り」もある。
- 「決まりごとを守る」「真面目・勤勉」「高い理想や要求を持つ」「忍耐・ガマンする」「横並び・集団主義」といった価値観に反する人がいると、相手に対して怒る人が多い。
- 怒っても、相手にとっては何もいいことがない。
- 怒ったところで、相手は変わらない。
- 一部分だけを見て怒るのは、相手を見誤る。
- 怒らないほうが人間関係はうまくいくし、活動のフィールドも広がる。

第2章

怒るとき、
脳はこうなっている

あなたではなく、脳が怒っている

「そんなつもりはなかった」

「あれは本心ではない」

「気づいたら、こんなことをしていた」……

カーッとなって暴言を吐いたり、誰かに手を出したりする……。怒りに任せてふだんならしないことをやってしまう人、特に急にキレたりする人は、出来心とか軽はずみだったことを後から白状することがあります。

だからと言って、怒りの感情のままにしでかした行動が許されるわけではありません。誰かを傷つけたとか周りの人に迷惑をかけたのは、事実なのですから……。

それでも私は怒りに任せてよからぬ行動をしてしまった人に、少しばかりの同情を禁じ得ません。またこういう人たちがまるで他人事のように「出来心だった」と言うのも、なんとなく理解できます。

それは、過去の私が同じようなことをしたからではありません。昔の私が怒りっぽかったからでもないのです。

「そんなつもりはなかった」と言う人は、怒ってはいません。こう言うと、「二重人格」のように感じる人もいそうですが、それは大げさすぎます。

怒っているのは、カーッとなったり、キレたりした人ではありません。それでは誰なのかと言うと、該当者はいません。

実は、**怒ったのは、「脳」**です。脳が過剰に反応してしまったから、カーッとなった人が暴言を吐いたり、誰かに手を出したりしたということになります。

自分でも暴言を吐いたり、誰かに手を出したりするつもりはなかったのに、脳が怒りに任せて、そういう行動をとらせた——。ある意味では、本人のあずかり知らぬところで、迷惑行為がなされたということになります。

もっと言うと、脳が怒りに「ハック」されてしまっています。**怒りにハックされた脳は、もはや自分自身をコントロール不能な状態にさせます。**まるでハッカーが他人のコンピューターに侵入して、好き放題暴れ回ってしまうように、怒りが脳を勝手にコントロールして他人に迷惑をかけるような行動をドンドンさせていきます。

怒った人は、脳がハックされていることなどまったく知りません。ハックされた脳に指示されるまま自分の意思とは関係なく暴挙に及んでしまいます。

もっとも、その時間は長く続きません。せいぜい数十秒。

さんざん迷惑行為をしたのちに、脳が怒りのハックから解けると、本人はふとわれに返ります。このとき自分のしでかした行動を目の当たりにして、「しまった！」と、慌てることになります。同時に、してはいけないことをした自分に恥じ入ります。

自分が怒って迷惑をかけたのは事実なのに、意思とは異なる行動をしたために、明確に「やった」という自覚も希薄です。そのため当事者意識がなく、出来心とか軽はずみだったという言い訳をしてしまいます。

被害を受けた人からすれば、「お前がやったんだろうが！」と言いたくなるし、許せないことに変わりはありません。怒って迷惑をかけた人が「悪くない」と言うつもりはないですが、カーッとなってやってしまった行動には、そんな背景があります。

気に入らないことがあってカーッとなったとしても、実はあなた自身が怒っているわけではありません。本当に怒っているのは、脳。ここはよく踏まえてもらいたいところです。

怒る脳を理解するヒント

怒った脳があなたを迷惑行為に走らせる

怒りとは誰もが持つ防御本能

怒りと脳の関係――。それについて触れる前に、怒りとは何かをもう少しだけ見ていきましょう。

前章で、「怒りとは不快な感情」「不安や不満、不調が怒りのモト」「いい怒りと悪い怒りがある」という話をしました。「怒らないほうが人間関係はうまくいく」とも指摘しています。

実は、怒りは数ある感情の中でも極めて本能的なものです。それを説明するために、動物の話をします。

動物は、自分のテリトリー（縄張り）を持っていて、それを奪い取ろうとする存在が現れると、怒り出します。怒りで威嚇したり攻撃したりします。

動物にとって、怒りは防御本能。これがないと、ほかの動物がテリトリーを奪いに来ても、反撃も攻撃もできなくなります。怒らなければ、存在自体が危機に瀕してしまいます。

怒りは、本能。危機を感じたときに、動物は怒るようにできています。

その名残は、人間にも残っています。人間の場合、古代はまだ外敵も多く、生存の危機に見舞われることがしばしばありました。そうした生命の危険に陥ったときに本能である怒りが発動して、乗り切ろうとします。もし怒ることがなければ、危機を回避することができなかったことでしょう。

時代が進むにつれて、外敵もいなくなり、また農耕生活が始まって食糧を確保できるようになったことから、生命の危機に遭うことも少なくなっていきます。本能が顔を出すことも少なくなって、やがて防御本能として怒りを活用する機会も減り、たくさんある感情の一つとなっていきます。

本来は自分自身を守るためにあるもの――。それが怒りです。時代や環境が変わるとともに、その位置づけが変わっていって、**今では自分自身の自尊心とか満足感を守るためのものになっています。**

扱いが悪いのは、許せない。ルールを守らない人がいるのはふざけている。締め切りに遅れるのは、やる気がないからだ……。

自尊心を傷つけられたり満足感を得られなかったりすると、カーッとなったりキレたりする。古来とは、怒りの内容そのものが変質しています。

それがいいのか悪いのかと問われたら、なんとも答えに窮します。防御本能としての怒りが後退してきたのは、生命の危険が限りなく少なくなっていることですから、いいことだとは言えます。

その一方で、自尊心や満足感を守るための怒りは、微妙です。人間関係を険悪化させかねないので扱いが難しいし、やっかいです。コントロールをするのに、スキルを必要とします。
総じて言うと、「帯に短し、襷《たすき》に長し」といったところでしょうか。ただし、コントロールさえできればなんの問題もありませんから、それを身につければ、やっかいなところはなくなります。

怒る脳を理解するヒント

もともと怒りは自分を守るためのもの

怒るとき、脳はこうなっている

怒りと脳。この関係について、もう少し掘り下げていきましょう。

怒りとは、不快の感情。その反対の快の感情は、喜びとか楽しさ、うれしさ、あるいは愛とかやさしさといったものです。

ある出来事があって、それが「快」なのか「不快」なのかを決めるのは、脳の「扁桃体」というところです。扁桃体が起こった出来事について、「これは快」「これは不快」と、一つひとつジャッジしていきます。

不安や不満、不調になることがあったとしても、最初から「怒り」があったわけではありません。起こった出来事は、確かに不快です。扁桃体も不快というジャッジを下します。

このとき不快だと思っても、怒るか怒らないかはまだ決まっていません。怒ることもあれば、怒らないこともあります。

不快になっても、その感情をコントロールできれば、怒ることはありません。事態を解決するような言動をして、不快そのものをなくすことも可能です。

反対に、不快になって、その感情をコントロールできなければ、怒り出すことになります。相手を罵倒したり乱暴したりする行動に出てしまいます。

一般的に快／不快のどちらであれ、その感情をコントロールするのが、前頭葉です。快になったら、それを促す言動をするように前頭葉がコントロールしますし、不快になっても、同様です。ちなみに、前頭葉は思考や意思決定、行動を司ります。

扁桃体が不快というジャッジをしたときに、前頭葉がそれをコントロールできれば、怒らずにいます。前頭葉がそれをコントロールできなければ、逆に怒り出すことになります。

つまり、**怒るか怒らないかは前頭葉次第**。前頭葉のコントロールがきけば怒らないし、きかなければ怒るということになります。

前頭葉が不快という感情をコントロールできなければ、怒りが脳をハックしてしまいます。その後の展開は、先に述べたとおり。これは誰もがなり得ることで、例外はありません。

前頭葉が感情をコントロールすることは、フィニアス・ゲージという一人の患者の症例で明らかになりました。その患者は、鉄棒が脳を貫通する事故に遭います。命に別状はなく、完治してからは社会復帰もしましたが、以前と違っていたのは脳の前頭葉が破損してしまったこと。前頭葉が壊れてしまったために、その患者は怒りっぽくなって、ケンカをしたり、トラブルを起こしたりするのが日常茶飯事になります。このケースから前頭葉が感情をコントロールする働きがあることが分かりました。

前頭葉のコントロールがきかなくなるのは、扁桃体が過剰に反応したとき。起こった出来事に対して、強い不快反応を示すと、コントロール不能になります。

これが怒りの発生。脳が怒りにハックされた状態です。扁桃体から脳のさまざまな分野に怒りを露わにする指令が伝わることになります。

言語野に伝わると、怒りに満ちた言葉を吐くようになります。運動連合野に伝わると、相手に暴力を働いたりします。

身体的には、血圧が上がる、脈が速くなる、呼吸が速くなるなどの症状が表れます。

怒っている人を見れば、すべての人がこのような状態に陥っています。

怒る脳を理解するヒント

前頭葉のコントロール力を磨こう

脳の連係プレーを機能させる

もともと脳には1000億の神経細胞が存在しています。

一つの神経細胞あたり大体数千から一万のシナプス結合があり、神経細胞同士がつながっています。複雑な結合があり、複雑な回路がある中で、脳内で連係プレーが行われています。

たとえば、会話をするにしても、活発に動いているのは言語を司る言語野だけではありません。相手の話を聞く、理解する、考える、そして話をするというプロセスがあり、それら一つひとつに脳の専門の部位が活動し、なおかつ連係するから、言葉が口から出るようになります。

神経細胞による無数の連係プレーがあるから、人間はつつがなく行動し生命を維持することができます。

脳が怒りにハックされてしまうと、どうなるのかと言うと、この連係プレーがいい方向に行かなくなってしまいます。発生した怒りが不安や不満、不調を解消する行動、具体的には暴言を吐いたり、手を出したりするという行動をとらせるようになっていきます。

怒りが、脳のほかの部位の機能をストップさせてしまいます。当然、それ以外の行動をする余地がなくなります。脳が怒りにハックされてしまうと、こういう危険な状態に陥ります。

不快に感じることがあったとしても、抗議する、立ち去る、誰かと協力して除去するなど、とるべき行動は無数にあります。その中で最適な行動をとっていけば、不快はなくなります。

ところが、脳が怒りにハックされてしまうと、前述したように行動が極めて限定されてしまいます。それは、相手に迷惑をかけるのみならず、自分自身にも跳ね返ってくる自滅行為。

脳が怒りにハックされてしまった状態でとる行動は、ロクなものがありません。

本来、脳が持っている可能性を自ら封じ込めることになりますから、とてももったいないことです。

怒る脳を理解するヒント

怒りは脳が持つさまざまな機能をストップさせる

怒っている人が支離滅裂になる理由

怒ったときに冷静でいられる人は、ほとんどいません。頭に血が上っていて、血圧も上がって呼吸も速くなっています。声が大きくなったり、上ずったりもします。誰が見てもふつうではない状態にあります。

怒りとは、脳が「逆フロー」にある状態です。集中力が高い脳の状態を「フロー」と呼びますが、これの真逆。これでは成果を挙げることができません。

また怒るときは、ボキャブラリーが乏しくなります。怒りに脳がハックされてしまうと、言語を司る回路が機能しなくなるので、短いカンタンな言葉だけが出るようになりがちです。

北野武監督の映画「アウトレイジ」では、怒ったヤクザが、「バカヤロー！」「コノヤロー！」と叫ぶシーンがやたらと出てきます。これも脳がハックされたことによる典型例と言えるかもしれません。

前頭葉のコントロールがきかないので、思考も論理破綻しがち。怒っている人の言っていることは支離滅裂になっていることが多いものです。

たとえば、上司と部下が仕事のやり方や方針で対立しているとき。部下が「なぜこういうことをするのですか？」「目的はなんですか？」「こんなことをしても意味がありませんよ」と、あくまでもロジカルに上司に問い質したとします。

「部下は上司の言うことを黙って聞くものだ」

そんなふうに考えている上司であれば、癇《かん》に障ります。いくら部下が真っ当なことを言っているとしても、頭に血が上って聞く耳を持たなくなります。怒った上司から出てくる言葉は、こんなところでしょうか。

「いいからやれ！」

「グダグダ言うな！」

「100年早い！」……

部下が方針ややり方に対して納得していないのであれば、それをきちんと説明する義務が上司にはあります。そうだと分かってはいても、怒ってしまったら、もはやそれも不可能。

怒りにハックされた脳には、そんな高度なことはできません。「バカヤロー！」「コノヤロー！」ではないだけ、まだマシですが……。


怒ると、脳の働きが不十分になって言葉で説明するのも難しくなります。こう考えるほうが自然ですが、実は逆です。

説明するのが面倒くさいから、怒ってしまうのです。少なくとも怒りやすい人には、その傾向があります。

相手が説明を求めてきたときには、当然、分かりやすく、それでいて論理的に話をしていかなければなりません。言葉にすればカンタンに聞こえますが、これは意外と難しいことです。

相手が求めていることはどんなことか。どうやったら相手に理解してもらえるのか。何をどんな順番で話せばいいのか。どんな言葉を使えばいいのか……。

そうしたことを頭の中で考えながら、分かりやすく説明しなければなりません。話しているうちにも、相手のリアクションを見ながら、その都度軌道修正をする場面も出てきます。

聞いているほうが納得しているリアクションをしてくれればいいですが、無表情だったり明らかに不平そうな顔をしたりしていると、不安や不満が募り、それが怒りに発展していきます。怒りの導火線に火がつくと、暴力的な言葉が口を衝《つ》いて出るようになります。

説明するのが面倒くさい……。脳が怒りにハックされるからこういう状態になってしまうのですが、好ましいことではありません。

もしあなたが誰かとコミュニケーションをしているときに、「説明するのが面倒くさい」と感じたとしたら、怒りに脳がハックされる寸前。危険信号だと思ったほうがいいです。

怒る脳を理解するヒント

説明するのが面倒くさくなったら、もう怒っている

怒る人は、怒らせ名人

怒りがよくないのは、血圧が上がったり呼吸が速くなったりして健康面に重大な影響を与えかねないことが挙げられます。脳梗塞や心筋梗塞にもつながりかねないので、怒らないほうがいいのは言うまでもありません。

そのほかに挙げれば、伝染すること。怒りの伝染力は、まるでウイルスのようにすさまじいものがあります。

道で対向方面からやってきた相手のカラダが自分に当たったとき。ここで怒らない人もいれば、怒る人もいます。

脳には、「ミラーシステム」と呼ばれるものがあります。目で見た人の動きを無意識にマネしてしまう働きが、脳にはあります。

たとえば、向かいに座っている人がカップを持ってコーヒーを飲んだら、自分もカップを持ってしまう……。まるで鏡でも見ているかのような反応をするので、「ミラーシステム」と名づけられています。

これは、**他人がしていることを自分のことのように感じる共感のシステム。**20世紀の脳科学における最も重要な発見の一つとも言われています。

この「ミラーシステム」が、たとえば仕事で成果を出した同僚を見て、「私も頑張ろう」というように、いいほうに作用すればいいのですが、いつもそうなるとは限りません。よくない方向に作用することもあり得ます。

その一つが、怒り。誰かが怒っていると、それを見ている人にもその怒りが波及することがあります。自分にはまったく関係なくても、怒っている人への共感が生まれて、腹立たしくなったりカーッとなったりしてしまいます。

先ほどの道ですれ違った人のケースで言うと、ぶつかってこられた人が「何だよ！」と怒るとします。たまたまぶつかってしまったので、当たったほうは決して悪気があるわけではありません。最初は冷静です。

ところが、相手がカーッとなっているのを見たときに、状況が一変します。「ミラーシステム」が作用して、怒りの感情がまったくなかったとしても、こちらのほうもカーッとなって「何だよ！」と言い返すようになります。

これは、怒りが伝染したということ。**怒りが怒りを呼ぶ。**こういうことが起こるのは、脳の「ミラーシステム」のしわざです。


どんな理由であれ、誰かが怒ると、それにつられて怒る人が出てきます。

一般的に、怒る人は、人間関係のトラブルを抱えがちです。それは、怒ることで相手を怒らせて、どうにもならないところにまで対立がエスカレートしてしまうから。

怒るから、人間関係が悪化します。怒りをコントロールすることができれば、相手も怒ることがなくなるし、関係が悪化することはまずありません。

悲しいことに、怒る人は、自分自身が怒りの発火点になっています。皮肉を込めて言えば、怒る人は相手を怒らせる名人。

そんなありがたくない称号をもらって喜ぶ人などいるでしょうか。自分が怒ることが「怒りの負の連鎖を生む」ことになる現実にもっと目を向けたほうがいいでしょう。

怒る脳を理解するヒント

怒りはウイルスのように伝染する

あおり運転はオスの本能の暴走

2019年に常磐自動車道であおり運転をした挙げ句、相手のドライバーを何発も殴る映像がテレビで頻繁に流され、またSNSでも拡散されました。あおり運転は今や社会問題になるほど増加しています。

このあおり運転をする人は、ほとんどが男性です。男性ドライバーのほうが女性ドライバーよりも圧倒的に多いから、統計上ではそうなってしまいます。

もっとも、男性があおり運転をするのは、脳科学的にも説明できます。それには、男性ホルモンである「テストステロン」が関係しています。

テストステロンは、攻撃性を高めるホルモン。男性特有と言われていますが、女性にも分泌されています。

このテストステロンが分泌されると、攻撃性が高まってきます。相手を支配しようとしたり手を出したりするようになるのです。要は、怒ったりキレたりしやすくなるということ。

車に乗ると、人格が変わる……。そんなふうに言われる人がいますが、車を乗りこなすことで全能感が高まり、荒っぽい運転をするようになります。おそらくテストステロンが大量に分泌されているのでしょう。

話題になった常磐自動車道であおり運転をしたドライバーの場合、女性が同乗していました。女性がいると、男性はつい「カッコイイところを見せたい」と思うものです。テストステロンが、ますます分泌されることになります。これは、男の悲しい性《さが》です。

つまり、**あおり運転は、オスの本能の暴走。**結論としては、このように整理することができます。

その半面、女性が同乗していることのメリットもあります。それは、女性には「オキシトシン」というホルモンが分泌されること。男性にも分泌されますが、一般的に女性らしいと言われる行動や感情に関係します。

オキシトシンは、愛情ホルモンとも呼ばれます。分泌されると、愛情ややさしさを生み出します。

女性が赤ちゃんに授乳するときに、このオキシトシンが大量に分泌されます。授乳することで母親は愛情を感じ、赤ちゃんもまた母乳を飲むだけでなく、親からの愛情を感じることで幸せを実感することになります。

このオキシトシンは、ほかにもハグや会話、スキンシップをするときにも分泌されます。欧米の人たちがよくハグをするのは、脳科学的に言うと、理にかなっています。

先のあおり運転の場合、女性がカッカしている男性ドライバーにスキンシップを積極的にしていたら、回避された可能性もあります。男性が幸せな気分になって、怒りも消えてしまったかもしれません。

そうならなかったのは、同乗していた女性があまりスキンシップを好むタイプではなかった可能性もありますが、それ以上に考えられるのは、「ミラーシステム」です。キレてしまった男性ドライバーの怒りが、同乗していた女性にも伝染してしまったのではないでしょうか。

なだめるのではなく、同乗していた女性も一緒になって怒ってしまった……。二人してキレてしまったら、もはやあおり運転を止めようがありません。被害に遭われた人にはお気の毒ですが、こんな背景があったと思われます。

怒る脳を理解するヒント

テストステロンは脳を暴走させる

男性の怒りと女性の怒りはどう違う？

テストステロンと、オキシトシン。

この二つのホルモンの作用によって、男性の怒りと女性の怒りはそれぞれ微妙に違いがあることが見て取れます。そのことにも少し触れておきましょう。

大まかに言って、男女の怒りには、次のような特徴があります。

・男性の怒り：攻撃的（動的）、直截《ちょくせつ》的、決着型
・女性の怒り：調和的（静的）、婉曲《えんきょく》的、改善型

それぞれについて説明していきます。パートナーがそれぞれ浮気したときの対応を題材にすると、分かりやすいかもしれません。

パートナーの女性が浮気したとき。男性は烈火のごとく怒ります。帰宅時間が遅くなったり、服装や化粧が派手になったりしているところを見ると、「もしてかして浮

気をしているのではないか？」という疑問がぬぐえません。現場を見たわけではないので確証はなくても、**男性の場合、単刀直入に切り出します。**

「こんな時間までどこをほっつき歩いていたんだ。まさか浮気でもしているんじゃないだろうな」

言い方もストレート。女性が反抗的な態度を示したりすると、手を上げる人もいるかもしれません。単純と言えば、単純。

相手を問い詰めて、白か黒かを明らかにしようとします。グレーはナシ。一気に決着をつけようとします。

反対に、パートナーの男性が浮気したとき。もちろん、女性も怒ります。帰宅時間が遅くなったり、これまでとは異なるテイストの服装をしたりしているところを見ると、「これは浮気をしているな」という直感が働きます。現場を見たわけではないので確証はなくても、状況は黒。と言っても、**女性の場合、ストレートに切り出したりはしません。**

「こんな時間まで仕事をしていたのね。お疲れさま。このハンカチ見覚えがないけど、ゴルフコンペでとったのかしら。あなたがこんなセンスのいいものを選ぶわけないものね」

遠回しの言い方をして、浮気の「う」の字も口にしません。男性はこう言われた瞬間、心臓が止まるかと思うくらいドキリとします。

気づかぬふりをしながらも、「私は知っているのよ」と、静かに、かつ間接的に訴えています。まるで男性がオロオロしたり下手な言い訳をしたりする姿を楽しんでいるかのようです。

この場で相手を問い詰めて、白か黒かを明らかにするところまでは踏み込みません。あえて一気に決着をつけようとはせずに、「何かもかも見透かされている。もう浮気はやめよう」と、男性が観念するように持っていこうとします。

もちろん、浮気したように見える女性に遠回しにあれこれ聞いてジワジワ追い詰めていく男性もいることでしょう。浮気したとしか思えない男性にストレートに「どうなの?」と、白黒をつけようとする女性もいるかもしれません。

例に出した男性と女性のそれぞれの怒りは、あくまでも一般的なもの。あなたの身の回りの色恋沙汰のトラブルを見ていくと、思い当たるフシがあるのではないでしょうか。

怒り方は人それぞれです。怒らない脳に変えるためには、テストステロンとオキシトシンのバランスが大切です。

怒る脳を理解するヒント

男性は決着をつけようとし、女性は改善しようとする

思い出し怒りはなぜ起こる？

怒りと脳の関係について、指摘できることはまだあります。あなた自身にも経験がありそうなことを言えば、「思い出し怒り」が挙げられます。

思い出し怒りとは、現在納得できないことが起こったときに、「そう言えば、前にもこんなことがあったよね」と、過去の似たような事例を思い出して、イライラを輻輳《ふくそう》させてしまうこと。目の前のイライラと、過去のイライラが「合わせ技一本」となって、怒り出すことになります。

たとえば、約束の時間に遅れてきた相手に対して、納得はしていないものの、怒るというほどでもないとき。不意に以前も相手が遅れてきたことを思い出して、「そう言えば、前にもこんなことがあったよね」と、当時の様子がありありと目に浮かぶようになると、両方の落とし前をつけたくなってきます。

怒ったほうとしては、「あのときはガマンしたけど、今日こそは許さない」という気持ちになっています。「江戸の仇を長崎で討つ」と言ったところでしょうか。

怒られたほうにすれば、過去のケースは「終わったこと」で、それを今さら持ち出されるのは、おカド違いと言うか乱暴に映ります。目の前の出来事については非を認める気持ちはあっても、過去のことを持ち出されると、「それとこれは話が違う」と反発したくなります。

「悪かった」「謝ろう」と思ってはいても、過去のことを引っ張り出されて名誉を汚されたような気持ちになるので、納得できません。怒りに火がつくのも、時間の問題になってきます。

なぜこのような思い出し怒りが起こるのかと言うと、脳の機能がかかわっています。ここでキーとなるのは、記憶を司る「海馬」です。

快／不快をジャッジするのは、脳の扁桃体だとお話ししました。海馬は、その扁桃体のすぐ近くに位置しています。

海馬やその近傍の側頭連分野には、記憶が貯蔵されています。その中でも「危ない目に遭った」とか「こうして失敗した」「ここは危険だ」というよくない情報が、いつでも取り出しやすいように貯蔵されています。もちろん、いい情報もきちんと記憶されています。

よくない記憶をすぐに思い出しやすいようにしているのには、理由があります。それは、再び危険や失敗を繰り返さないため。

過去にこんな危険があった。こういうことをしたから、失敗した……。そういう記憶が貯蔵されていなければ、同じ過ちを繰り返すことになります。

何度も同じことを繰り返すのは、進歩がないということ。それを避けるために、海馬がときに思い出したくはないイヤな出来事であっても、しっかり記憶してくれます。その意味では、海馬に感謝しなければなりません。

問題はここから。目の前で起こっていることが以前の過ちに似ているものだとすれば、警鐘を鳴らすために、海馬が扁桃体に「こんなことがあったよ」というシグナルを送ります。

それをキャッチした扁桃体が不快というジャッジを下して、怒り出してしまう……。これが、思い出し怒りのプロセスです。

扁桃体と海馬が近くにあるから、この連係プレーが起こります。これも危険や失敗を回避する脳の機能。

「余計なことしてくれた……」

思い出し怒りをされたほうにすれば、これが率直な感想かもしれません。実際にそういう目に遭ったら、観念したほうが得策です。

遡及処罰禁止になっていないのは不条理に映るでしょうが、これも人間が生き残るための脳の働き。一概に悪いものでもありません。怒りと脳の関係で言えば、こうした複雑なところもあります。

怒る脳を理解するヒント

思い出し怒りの犯人は海馬

怒る人、怒らない人の差はどこにある？

ここまでさまざまな角度から怒りと脳の関係について見てきました。ひと言では言い表せないくらい入り組んでいるし、多様性があります。

少なくとも言えるのは、怒る／怒らないは性格によって決まるものではないこと。脳の前頭葉がコントロールできるかどうかが、深くかかわってきます。

そのコントロールはいつできるようになるのかと言うと、実は子どものときから。子ども時代に前頭葉のコントロールができるようになれば、怒らない大人に成長していきます。

それを示すのが、有名な「マシュマロ実験」です。この実験は、子どもにどれだけ自制心があるかを調査したもので、今から半世紀前にスタンフォード大学で行われました。

実験は、こういうものです。幼稚園児の目の前にマシュマロが一つ載った皿を置きます。実験する大人が、「15分後に私が戻ってくるまで、マシュマロを食べずにガマンできたら、もう一つあげる。食べてしまったら、二つ目はあげない」と言い置いて、出ていきます。

残されたのは、子ども一人。大人が戻ってくるまでの間、隠しカメラで、子どもがガマンできるかどうかをチェックしています。

その結果は、幼稚園児186人のうち、最後までガマンできたのが3分の1ほど。目の前にあるマシュマロをガマンできない子どものほうが圧倒的に多いということになります。

この実験には、追跡調査があります。マシュマロを食べてしまったグループと、ガマンできたグループでは、十数年後に受けたＳＡＴ（大学進学適性試験）において、２００ポイント以上の差が見られたとのこと。

この結果から、自制心を持つほうが、社会的にも成功することを導き出しています。スタンフォード大学では、同大学による「人間行動に関する、最も成功した実験の一つ」として評価されています。


私自身が注目しているのは、「楽しみを先送りできる」かどうかということ。おそらくガマンできた子どもは、「15分待てば、もう一つもらえる」と計算して、目の前にあるマシュマロを食べる楽しみを「先送り」したと見ています。

「今一つ食べるより、後で二つ食べるほうが楽しい」

子どもながらにそんなことを考えて、ガマンしていたのではないでしょうか。これは、まさに前頭葉のコントロールです。

ガマンできなかった子どもは、「今食べるほうが楽しい」と思って、マシュマロを口にしてしまいます。刹那的と言うか、後のことをまったく考えずにいます。

「子どもだから仕方ないよ」

その行動に理解を示す大人もいそうですが、それならば「今のあなたなら、できますか?」と聞いてみたくなります。お腹が空いていたら食べてしまうかもしれないし、「先のことなんか分からないよ」とニヒルなセリフを言いながら、口に入れてしまうかもしれません。

子どもでなくても、まして大人でも楽しみを先送りするのは、難しいものです。目の前に誘惑があれば、なおさら。

怒る脳を理解するヒント

楽しみを先送りできる人が成功する

怒りを先送りしていく

先送りについては、怒りにも当てはまります。前頭葉のコントロールができれば、怒りも先送りできてしまうものです。

目の前でイライラすることがあっても、「別に今でなくてもいい」と先送りしてしまえば、怒らずに済みます。怒らなければ、周りの誰にも迷惑をかけることはありません。

これは、怒るのをガマンするのとは異なります。前頭葉をコントロールして、「怒らない状態」を今から未来のある時点までタイムスリップさせること。意外と高度な取り組みです。

前頭葉をしっかりコントロールできていれば、怒りを先送りできます。こう言うと、「いつかはやはり爆発するのだろう」とか「思い出し怒りするのではないか」と、いぶかる人もいそうですが、そんなことはありません。

より実態に即したことを言うと、先送りしているうちに怒りそのものを無力化していって、雲散霧消させてしまいます。気がついたときには、イライラしていたことなどなかったかのように感じるはずです。

怒りの先送り――。怒らない人は、これを無意識に実践しています。

先ほど「子ども時代に前頭葉のコントロールができるようになれば、怒らない大人になる」とお話ししました。こう言うと、「怒る／怒らないは子ども時代に決まってしまう」と思ってしまう人もいそうです。

「子ども時代に前頭葉のコントロールを強化できないと、怒りやすい大人になる」そんな疑問を持つ人もいるかもしれません。その疑問に対しては、「YES」です。こんな答えを言ったら、不安に感じて怒り出す人も出てくることでしょう。

別にあなたを怒らせるためにこんなことを言っているのでないことは、正直に申し上げます。「大人になってからでは遅いの？」という疑問には、「NO」という答えも用意できます。

もっとも、それには条件をクリアしなければなりません。**前頭葉が怒りをコントロ**

ールする方法を大人になってからでも身につけること。

これさえできれば、大人になってからでも怒らない人に変われます。その方法を、いよいよ次章からお伝えしていきます。あなたの脳を「怒らない脳」にセットアップしていきましょう。

怒る脳を理解するヒント

大人になってからでも怒らない人になれる

この章のまとめ

- 脳が怒りにハックされると、自分自身がコントロール不能な状態になってしまう。
- 怒りとは、人間が持つ防御本能。
- 怒りをコントロールできるのは、前頭葉。
- 脳はさまざまな神経細胞に連係プレーをさせている。
- 怒りが伝染しやすいのは、脳の「ミラーシステム」の作用。
- テストステロンは攻撃性を高めるホルモン、オキシトシンは愛情ホルモン。
- 楽しみを先送りできた子どもが、怒らない大人になる。

第3章

キレそうになったときのとっさの対処法

怒りを一瞬でコントロールする

ここからは怒りをコントロールする実践的な方法をお話ししていきます。すぐできること、ちょっと難しいこと、継続してやっていくことなど、さまざまです。

そのどれもが効果てきめんなので、自分にピッタリなもの、相手に合いそうなものを選んで、実際に活用してみましょう。もちろん、いずれも脳科学的見地に基づくものです。

GNA世界一の現代日本では、怒りが至るところに渦巻いています。これからも怒りが増えることはあっても、減ることはないでしょう。

「私は怒ったことなどありません」

そういう寛容な人は、少なからずいます。たとえあなたが怒らない人であったとしても、いつなんどきトラブルが降りかかってくるかは分かりません。

あなたが怒らなくても、勝手にキレたり暴れたりする人は、いくらでもいます。そのとき目の前の人の怒りを抑える方法を知っていれば、あなたのみならず、相手にとってもプラスとなります。

怒りがピークを保つのは、せいぜい10秒程度。そのほんの一瞬で一生残るようなトラウマを負ってしまったり、仕事を棒に振ったりするようなことになったとしたら、泣くに泣けません。

「あのとき怒らなければ」

「あのとき怒るのを止めていれば」……

おそらくずっと後までそういう気持ちを引きずることになるのではないでしょうか。あなたには、そんな後悔をしてもらいたくありません。

怒りをコントロールする方法は「転ばぬ先の杖」です。知っておいてソンはナシ。あなた自身、そして身の回りの大切な人を守るためにも、頭に入れておいてほしいのです。

まずは不快な出来事があって、ついカーッとなってしまった自分や相手の怒りを上手にクールダウンさせる方法から。素早く対応できれば、自分の怒りも、また相手の怒りも鎮火できます。

怒りをコントロールするには、初動が肝心。実践に即したものをお話ししていきます。

怒る脳を理解するヒント

怒りのコントロール法を身につけよう

自分の怒りを抑える❶ 計算する

以前に比べて怒らなくなったとは言え、私自身、つい怒りが頭をもたげてきそうな瞬間はまだあります。それは、ほんのささいなことです。

一例を挙げると、道で前をチンタラチンタラ歩いている人がいるとき。こちらの歩くペースを否応なしにダウンさせられるのですから、不満がたまってきます。私が速足のせいなのか、余計にそう感じるのかもしれません。

特に3、4人の若い学生がしゃべりながらダラダラ歩いていると、「若いんだから、サッサと歩けよ」と心の中で思ってしまいます。急いでいるときなら、なおさら。

以前の私も、そして今も、さすがに「チンタラ歩いていないで、サッサと歩きなさい」なんて声を荒らげることはしません。それでは何もせずにガマンしているのかと言うと、それも違います。

前がつかえてゆっくり歩いている間、私がしていることは計算すること。これだけで怒りを瞬間的にクールダウンさせられます。

私が行っているのは、こういうことです。ゆっくり歩きながら、その後の歩くペースを素早く計算します。

「このペースだと、駅に着くのが1分遅れるな。でも、いつもより早く家を出たから、30分発の電車には乗れるな」

具体的に「数値化」するのが、ポイントです。そんなふうに計算していけば、「遅れてしまうかも」という不安、「サッサと歩けよ」という不満もなくなっていきます。

ゆっくり歩きながら、ふだんは目に留めないような風景を見て楽しむ心の余裕も生まれます。

「あ、ここに新しいお店ができていた！」

ゆっくり歩くことで、新たな発見をするかもしれません。これは、一種の「アハ体験」です。計算する回路、ものを見て新しいことを発見する回路が稼働するので、怒りが脳をハックすることを未然に防ぎます。

「こうして友だちと他愛なくしゃべりながら歩けるのも若いうちだけだよ」

そんなふうに前を歩く若者をいたわる気持ちさえ芽生えます。それは怒りをクールダウンさせたから。

自分の怒りを抑えるヒント

逆算してみよう

計算するのが面倒くさいのなら、ただ「1、2、3……」と数字をカウントするだけでも可。数を数えるという回路が働くので、怒りを抑制することにつながります。

自分の怒りを抑える❷

笑顔になる

混んでいる電車の中で前の人のリュックサックが邪魔。隣で寝ている人の頭が肩にもたれかかってきた……。

「ああ、うっとうしい」

「もうイヤ！」……

見知らぬ人の何げない行動でイライラしたりカーッとなったりすることは、誰にでもあります。自分自身が疲れていたり、何かしらの悩みを抱えていたりすると、ふだんは「まあ、いいか」「どうってことない」と見過ごしてしまえることでも怒りに発展しかねません。

突然ですが、あなたは「怒り」の反対はなんだと思いますか。いろいろな答えがあり得ますが、その1つは「微笑み」ではないでしょうか。

その証拠に、「笑いながら怒る」ことはできません。あなたがやろうとしても、できないはずです。

気持ちがささくれ立ってきたら、笑顔になりましょう。ニッコリ微笑むだけで、怒りの気持ちは消えていきます。

笑顔になると、脳内に「幸せホルモン」と呼ばれるセロトニンが分泌されるなどの反応が起こります。リラックスしたりホッとした気分になったりします。

つくり笑顔でも大丈夫。照れ笑いでもいいでしょう。いわゆる「カタチから入る」ですが、笑顔になると、後から満ちたりた幸せな気分になります。

ニコッと笑う――。それだけで効果があるのですから、ある意味では笑顔は怒りの天敵です。

イライラしそうになったら、「笑顔、笑顔」と自分自身に言い聞かせて、ニコッと笑ってみる。それだけで怒りを抑えるのには、十分です。

自分の怒りを抑えるヒント

楽しいことを思い浮かべよう

自分の怒りを抑える❸
カラダを動かす

怒ると、顔が赤くなったり、ノドがカラカラになったり、目が充血したりします。これは、交感神経が活発になっているから。このまま怒りをコントロールできないでいると、自律神経のバランスが崩れてしまいますから、好ましいことではありません。**自律神経には、活動を活発化させる交感神経と、リラックスさせる副交感神経があります。**怒っているときは、前者が優位になっています。

ということは、怒りを抑えるには、後者を優位にすればいいことになります。その方法の一つとして、「カラダを動かす」が挙げられます。

と言っても、激しいものはご法度。これでは交感神経優位になってしまいます。副交感神経優位にするためには、「適度にカラダを動かす」程度で十分です。怒ることですでに交感神経優位になっているのですから、逆に言うと、ちょっとカラダを動かすくらいのほうが好都合です。

具体的には、背伸びや屈伸をする。軽くジャンプする。ラジオ体操をする。深呼吸をするのでもいいでしょう。副交感神経優位になって、リラックスしてきますから、脳を怒りにハックされることもなくなります。

社内のミーティングで意見が対立し、イライラしてきたら、コーヒーブレイクを兼ねて、散歩するのもいいかもしれません。「飲み物でも買いに行きましょう」と、相手を誘って、近くのコンビニや自動販売機まで歩いていきます。

このときあなた一人が相手の分まで買いに行くのは、厳禁。「使い走りだからよくない」というのはピントがズレています。それではあなた一人しか怒りをクールダウンできません。

あなたも、議論で熱くなったあの人も、連れ立って飲み物を買いに歩けば、適度にカラダを動かすことになります。お互いに副交感神経優位になってリラックスすることでしょう。

コーヒーブレイクを終えてミーティングを再開したときには、怒りとは無縁の和やかな雰囲気になっています。連れ立って歩くのは、この章の後半で述べる「相手の怒りを抑える」にも適用できます。

自分の怒りを抑えるヒント

副交感神経を優位にしよう

自分の怒りを抑える❹

負け惜しみをする

イソップ童話の一つに、「酸っぱい葡萄」があります。これは、高い木の上に実っているブドウを見たキツネが、何度も飛び上がったもののとることができず、「あんなブドウは酸っぱいに決まっている」と負け惜しみを言ってあきらめてしまうお話。

キツネは、ブドウが食べたくてたまりません。何度もとろうとしたものの、木の上にあるから手に入れることが困難。それであきらめることにしましたが、「とれない」

ことを理由にすると、癪《しゃく》に障ります。

「あんなブドウは酸っぱいに決まっている」

食べたこともないのに、そう結論づけて、溜飲を下げます。立派な負け惜しみ。

負け惜しみは、専門用語では「認知的不協和」と呼ばれる心の働きに関係します。

よくないことのように思われがちですが、必ずしもそうとは言い切れません。少なくとも怒りを抑えるうえで十分に役立ちます。


何かがうまくいかなくなると、イライラしたりカーッとなったりして、その腹いせに他人やモノに八つ当たりしがちです。あなたにも、身に覚えがあるかもしれません。

まったく関係のない他人やモノは、うまくいかなくなった原因でもなんでもないのですから、八つ当たりされたら、とんだトバッチリ。もらい事故のようなものです。

そんな八つ当たりは、脳が怒りにハックされているから起こること。みっともないうえに、方々に迷惑をかけています。

それに比べたら、負け惜しみなどかわいいものです。少なくとも人畜無害。

コンペで競合に負けたら、「いいリハーサルになったよ」「競合も大したことないな」と、思いっきり負け惜しみしてみましょう。あるいは商談で取引を断られたとき、「こんないい話に乗れないなんて、後悔するに決まっている」「コンセプトが斬新すぎたかな」と負け惜しみをします。

負け惜しみは、言い訳とは異なります。あくまでも怒りを鎮めるためのもの。不調で怒るよりはずっと健全です。

自分の怒りを抑えるヒント

うまくいかない自分を言葉で慰めよう

自分の怒りを抑える❺

おいしいものを食べる

おいしいものを食べると、幸せな気分になります。イヤなこと、つらいことがあっても、おいしいものを食べただけで、不安や不満、不調がどこかに吹き飛んで、ちょっと前までイライラしていたことなど、すっかり忘れてしまいます。

おいしいものには、怒りを鎮める力があります。カーッとなったり、イライラしたりしたときは、おいしいものを食べるようにしましょう。

これは、誰にも当てはまることです。もしかしたら、怒りを退治するうえで一番効果がある方法かもしれません。

おいしいものを食べると言っても、高級レストランに行く必要はまったくありません。自分自身が「おいしい」と思えるのであれば、なんでもいいです。

私はグルメなほうではないので、牛丼や立ち食いそばが大好きで、よく利用します。牛丼やそばは本当においしくて、食べているときは幸せな気分になります。

あるいはコンビニで売っているスイーツでもいいでしょう。今では手ごろな値段で本格的なスイーツを満喫できますから、近くのコンビニに飛び込むのもいいかもしれません。

イライラは、脳に糖分が足りない証拠でもあります。**おいしいスイーツを食べたら、**

糖分補給とイライラ解消の一石二鳥になります。

オフィスでイライラしたら、「ちょっとコンビニに行ってきます」と歩いていって、スイーツを買って食べるのもアリです。これは、「適度にカラダを動かす」と「おいしいものを食べる」の合わせ技一本。一つではなく、二つの方法でイライラを退治することができます。

もし近くに食べ物屋さんやコンビニさえもなかったら、「おいしいものを食べる」イメージをするだけでも十分です。ラーメンでもカレーでもスイーツでもなんでもいいので、**「おいしい」と思うものをイメージしていると、怒りを先送りすることができます。**

イライラの原因を解消して、後で実際に食べた場合、楽しみを先送りしたことになります。幸せを倍以上に感じることでしょう。

自分の怒りを抑えるヒント

すぐに食べられるおいしいものを携帯しておこう

「怒りを抑える」のは人のためならず

自分がイラッとしてきたら、怒りを抑える――。これは、「自分のため」です。同意する人は多いに違いありません。

目の前の相手がカーッとなったら、怒りを抑える――。これは、誰のためになるのでしょうか。もちろん、相手のため。同時に、「自分のため」です。

誰かが怒り出したら、それを抑えるのは、その人のためであり、また関係する全員のためです。もしその怒りを抑えなかったら、ドンドン波及していきます。

怒りに脳がハックされてしまうのは、その本人だけではありません。それを目の当たりにしている人も、同じことになります。同じ穴のムジナになってしまうのは、脳のミラーシステムゆえ。

目の前の人がカーッとなってしまったら、放置していると、相対している自分自身もイライラするようになっていきます。怒りが伝染して、お互いにカッカしてしまっては、どんな不測な事態が起こらないとも限らないのです。

相手の怒りを抑えるのは、その人のためだけではありません。自分自身を守るためにもしなければならないことです。「『怒りを抑える』のは人のためならず」です。

自分自身の怒りを抑えるのも、相手に波及するのを防ぐため。相手が怒って不測の事態にならないように、自分の怒りを抑えなければなりません。相手を守ることが自分を守ることにつながっていきますから、結局は両方のためです。

相手の怒りを抑えるのは、自分自身の怒りのコントロール以上に予測不能なところがあり、難しいと感じるかもしれません。けれども、それをしないでいると、自分自身にも怒りが波及して、ダメージを負う可能性が高くなります。

手をこまねいていては、被害はドンドン大きくなっていくでしょう。自分の脳が怒りにハックされる前に、行動する必要があります。

相手の怒りを抑えるヒント

自分のために相手をクールダウンさせよう

相手の怒りを抑える❶

先に謝る

歩きスマホをしていたら、前から歩いてきた人にぶつかってしまったとします。ちゃんと前を見て歩いていなかったことから、「どこを見て歩いているんだ！」と、ぶつかってこられた相手は激怒しています。

スマホを見ながら歩くのは、危険行為。あなたもそのことは十分に理解していますが、そのときは目的地が分かりにくいところにあるので、スマホの地図を見ながら歩いていたら、注意力が不足して、相手にぶつかってしまったということです。

あなたに悪気があるわけではありません。それでも相手はあなたの事情を知らずにいます。「SNSをやりながら」とか「ゲームをやりながら」歩いているふうにしか見えなかったようです。

相手がカーッとなってあまりにも乱暴な言葉を使っていると、いくらこちらが悪いとしても、許せなくなってしまいます。この時点で、怒りに火がつくのは時間の問題。

「ちょっと当たっただけじゃないか」

「そんな言い方はないだろう」……

こんなことを言ったとしたら、あなたの脳が怒りにハックされた証拠。怒りの戦線は果てしなく拡大してしまいます。


相手の怒りを抑える方法の一つに、「先に謝る」があります。こちらに非がある／なしにかかわらず、先に謝ってしまえば、怒っている相手は振り上げたこぶしを下ろさざるを得なくなります。

ポイントは、**軽く頭を下げながら「ごめんなさい（失礼しました／申し訳ありません」と、礼儀正しく言う**こと。目の前の人が真摯に謝っているのを見ると、怒っている相手も「こちらも礼儀正しくしなくては」と思うようになります。

そう感じるのは、「ミラーシステム」の働きゆえ。これは怒りの「ミラーシステム」を逆活用することになります。

「非がないのに謝るのは、相手を増長させるだけではないか？」

そう感じる人がいるかもしれませんが、これは怒りを拡大させないためのとっさの対応です。裁判ではないのですから、なんの問題もありません。怒っている人に先に謝ると、相手の怒りを抑えるだけでなく、自分自身もカーッとならずに済みます。
ちなみに、不機嫌そうに、または渋々言うのは、NG。これでは相手の怒りに燃料を追加投下することと同じです。

相手の怒りを抑えるヒント

謝罪の言葉を用意しておこう

相手の怒りを抑える❷ 話をトコトン聞く

怒っている人は、何かしらの事情を抱えています。それが、ささいなものなのか、それとも深刻なものであるかは別として……。

「こちらにはこういう事情がある。なんで分からないんだ？」

「こういうことが許せない。あなたには分からないの？」

その意思表明が、怒りです。本当はほかの伝達方法がたくさんあるにもかかわらず、その人は故意か偶然か、「怒り」として表明しています。前述したように、たんに説明するのが面倒くさいということもあり得ます。

いずれにせよ、その抱えている事情を訴えたいから、怒っています。訴えずにいられなくなっています。

もちろん、それが正当か、それとも不当なのかは別です。勝手な思い込みの場合もあるし、言いがかりの可能性も排除できません。


そうであるならば、相手の話をトコトン聞いてみるのも、怒りを抑える一つの方法です。ちょっとした覚悟がいりますが、やってみる価値はあります。

まずは「詳しくお聞かせ願えませんか？」と殊勝に相手に打診します。このとき相手の困っていることを一緒に解決しようという気持ちで、話を聞くようにします。

イヤイヤ持ちかけたりしたら、相手の怒りが拡大しかねません。あなたがレポーターとして街行く人に街頭インタビューするようなかんじでいいでしょう。

「話を聞く」と言われた時点で、ほとんどの人はわれに返ります。冷静さをかなり取り戻しています。

「いえ、それほどのことではないんです」

「別に聞いてもらうほどのことでもないです」……

おそらくカーッとなってしまった自分自身を恥じ入る気持ちでいっぱいです。「けっこうです」と言って、すぐにでもその場を立ち去ってしまうのではないでしょうか。

怒りがピークを保つのは、せいぜい10秒程度の時間スケール。仮に相手が事情を話したとしても、途中で「なんで怒っていたんだ?」「なんでこの人と話をしているんだ?」と、不思議な気持ちになってくるはずです。

言っているうちに、怒りが消えていきます。「別に怒るほどのことでもなかった」と気づいて、同じようにその場を去っていくことでしょう。

怒っている人の話を聞くのは、気分がいいものではありません。それでも聞こうとするだけで、状況が変わります。相手の話を聞こうとするほうが案外、事態は早く解決します。

相手の怒りを抑えるヒント

怒っている相手にインタビューしてみよう

相手の怒りを抑える❸

ゆっくり話す

怒っている人は、大きな声を出したり、早口でまくしたてたりします。支離滅裂なときもあります。

困るのは、何を言っているのか聞き取れないこと。相手の怒りの原因がどこにあるのか分からないと、対処のしようがありません。

「エッ、何ですか?」

「もう一度言ってください」

「意味が分かりません」

こんなふうに不用意に言うと、逆ギレしかねません。怒っているほうが「バカにされている」という卑屈な気分になっています。

相手に分かりやすく話してもらうためにも、あえてこちらがゆっくり話すようにします。聞き取りやすい、かつ平易な言葉で話しかけます。

話すスピードは、戦場カメラマンの渡部陽一さんを意識するといいかもしれません。ゆっくりとしゃべる彼の話を聞いて、怒り出す人はいません。誠実な人柄が伝わるからでもありますが、聞いているほうもやさしく穏やかな気持ちになってきます。

ゆっくり話すと、相手は「この人は何を言うのだろうか?」「何か大事なことを言うかもしれない」という気分になります。脳が「これは聞いたほうがいい」と、アンテナを立てるようになります。

子どもが親に何か伝えたいとき、「あのね」「僕ね」「私ね」と、ゆっくり話します。親の考えながら話をしようとするので、どうしてもゆっくりにならざるを得ません。

ほうも「何かあったんだな」と聞き耳を立てます。

ゆっくり話をすることで、相手の関心を引き、話を聞くほうに注意が向けられます。音を聞きとる回路が活性化してきて、怒りが脳をハックする状態にストップをかけます。

こちらがゆっくり話をしていくと、相手のしゃべるスピードもだんだん低下してきます。これは、「ミラーシステム」の逆活用。

ゆっくり話をするうちに、こちらの話すスピードに合わせるようになってくるでしょう。怒りが相手の脳から消えていきます。

相手の怒りを抑えるヒント

怒っている相手に話すスピードを落とそう

相手の怒りを抑える❹

タイミングよく仲裁してもらう

駅や人通りの多いところで、軽くぶつかっただけなのに、虫の居所が悪かったのか、相手が「何すんだ、コノヤロー」と激昂したとき。まさに「売り言葉に買い言葉」で、「そっちこそなんだよ」と言い返すことになりかねません。

どちらも大人げないですが、怒っているときは往々にしてそういうもの。ロクな結末にはならないものです。

相手が怒っていて、こちらを一方的になじっている……。その様子を見ている人が大勢いるとすれば、少なくともこちらの立場や正当性を理解してもらいやすい状況にあります。

言い返したりムリに相手をなだめたりすることもありません。ここは周りの誰かに助けを求めるのが得策です。

まずは**周りの人に「助けて！」という視線を送ってみましょう**。状況をよく見ていた人が「まぁまぁ」「やめましょうよ」と言って、仲裁に入ってくれるでしょう。人通りの多いところであれば、侠気《きょうき》に富んだ人が一人くらいはいるものです。

仲裁に入ってもらうタイミングは怒ってから10秒くらい。そのときには相手の怒りもかなりクールダウンしているので、冷静になれます。誰かが仲裁に入ってきたら、相手も「ここは引きどきだ」という判断をしやすくなっています。

怒った人も、「こんなことをするのは大人げない」という自覚は多少なりとも持っています。ただ振り上げたこぶしを下ろしにくいだけ。

むしろ仲裁を待っているフシもあります。誰かが止めに入ったら、案外、スンナリ振り上げたこぶしを下ろすものです。

もし「助けて！」という視線を送ったのに、誰も反応してくれなかったら……。「かかわり合いになりたくない」と思っている人もいるので、その可能性は十分にあり得ます。

この場合は、**思い切って「誰か駅員さん（警備員さん）を呼んでください！」と、周りに助けを求めてみます。**ここまで踏み込んだら、相手も「別にそんな大げさなことをするつもりはなかった。もういいよ」と言って、素早く立ち去ることでしょう。「大ごとになると、面倒だ」という心理が働いて、「悪かったな」と、逆に謝ってくるかもしれません。

相手の怒りを抑えるのに、必ずしも自分一人だけで対処することもないのです。見ず知らずの誰かに助けを求めることは積極的にしていくべきです。

相手の怒りを抑えるヒント

助けてもらえそうな人を周りに探そう

相手の怒りを抑える❺

逆質問する

相手の怒りを抑える方法は、その人がどういう人かによっても微妙に変わってきます。ここまではどんな人にも通じる方法をお伝えしてきました。

相手が高い理想や要求を持つ人の場合、有効な方法があります。それが、相手に「逆質問する」こと。

こちらがミスをしたり、ノルマを達成できなかったりすると、理想や要求が高い上司は「こんなこともできないのか！」と怒り出すかもしれません。当の本人ができるタイプだと、部下が基準を満たせないことが許せなくなってくるようです。

「こんなのムチャですよ！」

「そもそもムリなんですよ！」

そんなふうに反論したら、相手の怒りを大きくするだけ。また自分の怒りも大きくなります。お互いにカッカしてきて、修羅場と化します。

上司の求める基準の是非はともかく、こちらがクリアできなかったのは事実。納得できなくても、そこは認めてしまいましょう。

認めたからと言って、「できない」と決まったわけではありません。卑屈になることもないのです。

怒っている上司ができる人であれば、こんなふうにするのが得策です。それが、逆質問。

「それでは、私はどうすればよかったでしょうか？」

「どこが間違っていたのでしょうか？」

「私に何が足りなかったのでしょうか？」

基準をクリアできなかったことを認めたうえで、相手にアドバイスを求めるようなかんじで聞いていきます。わらにもすがるようなかんじを出すと、効果があるかもしれません。

「反省しているな」「真剣なんだな」と感じた上司は、具体的なポイントをいくつかアドバイスしてくれることでしょう。できる上司であれば、「こうするべきだった」「こうしたほうがいい」という具体的なポイントがスラスラ出てくるはずです。

相手に「どうすればいい？」と聞かれたことで、意識がそちらに向かいます。部下がうまくいく方法を考えているうちに、怒りが片隅に追いやられ、やがて消えていきます。

逆質問することで、相手の脳が怒りにハックされることを防ぐことになります。同時に、こちらの脳に怒りが感染することも予防できます。

上司からの提案は、今後の課題を与えられたようなもの。それを実践していけば、基準を満たすことができるのですから、「ありがたいお土産をもらった」と考えてもいいでしょう。

もし逆質問して「そんなことは自分で考えろ！」と言う上司なら、ふだんからこちらのことを何も見ていないし、考えていない証拠。これ以上、かかわっても意味がありません。

ある意味では、このケースはラッキーです。「分かりました。自分で考えます」と言って、その場を立ち去ることができるのですから……。

相手の怒りを抑えるヒント

怒っている相手に提案してもらおう

相手の怒りを抑えるときにしてはいけないこと

怒っている相手が自分の知っている人であれ、見ず知らずの人であれ、してはいけないことがあります。それは、「黙る」こと。

こちらが何にも悪くなくて、相手に100%の非がある場合。反論したり相手に抗議したくなったりするのがバカらしく感じることもあるかもしれません。「かかわりたくない」という気持ちも理解できます。

「何を言ってもムダ」

「自分さえガマンすればいい」

「どうせ何も変わらない」……

あきらめや絶望の気持ちから、あえて「黙る」という選択をしているのでしょう。

相手もずっと怒っているわけではないのですから、一種の「疲れ待ち作戦」でもありますが、むしろかなりリスクの多い選択です。

黙るのは、無言の抵抗。

怒る人から見れば、そのように映っています。

「文句があるのか？」

「お高くとまりやがって」

「なんか言えよ」

その沈黙が、実は相手を挑発しています。黙っているほうにすれば、そんな気はなくても相手をますます逆上させていきます。

黙るのは、相手の行動を容認することにもなりかねません。「俺の言うことを認めているんだな」「もっとやってもいいんだな」と、相手に間違ったメッセージ発信することになります。

DVで起きているのが、まさにこのパターンです。暴力を受けているほうが「私さえガマンすればいい」と黙って耐えているのを見て、キレたほうはますます行動を過激化させます。

「雄弁は銀、沈黙は金」とよく言われますが、怒りが自分の身に迫っているときは、例外です。黙っていないで、「相手の怒りを抑える」方法を積極的にとっていくべきです。

相手の怒りを抑えるヒント

怒られているときは沈黙しない

この章のまとめ

- 怒りがピークを保つのはせいぜい10秒程度の時間スケール。
- 自分の怒りを抑える方法は五つ。
①計算する②笑顔になる③カラダを動かす④負け惜しみをする⑤おいしいものを食べる
- 相手の怒りを抑えるのは、結局は自分のためになる。
- 相手の怒りを抑える方法は五つ。
①先に謝る②話をトコトン聞く③ゆっくり話す④タイミングよく仲裁してもらう⑤逆質問する
- 相手が怒っているときに沈黙するのは無言の抵抗になってしまう。

第4章

怒っていることを相手にうまく伝える

カドを立てずに怒りを伝える

前章では、「イライラしてきた」「キレそうになった」という瞬間的な怒りを抑える方法についてお話ししました。いずれも自分の怒りを抑える、あるいは目の前の人の怒りを抑える、とっさの対処法です。

今この場での怒りを抑える方法は、いつなんどき使うことになるか分かりません。自分もしくは相手がイライラしてきたら、その方法を用いると、その場で余計なトラブルが起こることを防止できます。

知っておいてソンはない。いいえ、むしろ知っていて、なおかつ実際に使えるようになっているのが望ましいです。

怒りを抑える方法は、常備薬。そう思って肌身離さず持ち歩いていると、不要な怒りを回避できるでしょう。

この章では、怒りを誰かに伝える方法をお伝えします。自分が「怒っていること」をその相手にカドを立てずにうまく伝えていくことを目指しています。

「ガマンできない！」
「いいかげんにして！」
「もうやめてよ！」

最初は「これくらいはいいか」と思ってスルーしていたことでも、度重なると心境が変化します。「チリも積もれば山となる」で、のちのち大きな怒りに発展しかねません。

たとえば、上司が「これをやってくれないか？」と、本人が苦手とする仕事を軽く頼んできたとします。そのときは自分も手が空いていたので、深く考えることなく「いいですよ」と言ってしまいました。組織で仕事をする人なら、よくあることかもしれません。

それがクセになったのか、上司はこちらの都合などお構いなしに「これをやってくれないかな？」「夕方までにやってほしいんだけど」と、似たような仕事を押しつけるようになります。「言えば、なんでもやってくれる」とカン違いしたのかもしれません。

本来の業務ではないので、手助けする道理はないのに、親切心がアダになって、自分自身が苦しむことになります。「いいかげんにしてください！」と言いたくもなりますが、怒りを露わにした言い方をしたら、上司もビックリします。なかには「そんな言い方はないだろ！」と逆ギレする人もいそうです。

どのようにすれば怒りの気持ちを、カドを立てずに伝えて、相手に理解してもらうことができるのか。その方法をいくつかお話ししていきます。

この章では、手を替え品を替え「怒り」を伝えていく方法を事例にして説明します。当事者の気持ちになって読んでいくと、「こうすればいいのか！」「これをやってみよう！」というヒントをよりつかめるようになるかもしれません。あなたに合う方法が、きっと見つかるはずです。

怒りを伝えるヒント

カドを立てずに訴えよう

怒りを伝える❶

笑いに変える

こちらがイヤがることを何げなくしてくる……。そういう無神経、かつ不愉快な人はいます。それが自分の上司であれば、面と向かって指摘しにくいものです。

「彼氏／彼女はいるの？」

「もういい年なんだから、早く結婚しないと」……

いまだにこんなモラハラ全開のことを悪びれることなく言う人はいます。本人には、「モラハラ」という自覚はまったくありません。誰に対してもそういうことを口にします。

自覚がないだけに、「モラハラです」と指摘すると、「これくらいいいじゃないか！」「心配しているんだよ！」と逆ギレしかねません。自分自身の価値観は正しいと信じて疑わず、それを堂々と押しつけています。こんな上司を持った部下の人には、つくづく同情します。

こういう人に怒りを伝えるのに、面と向かって正論をぶつけても、「ぬかに釘」です。あるいは「馬の耳に念仏」でしょうか。

ここは思い切って「笑いに変える」のが有効です。自分のプライベートにまで踏み込んでくる上司には、こんな言い方をして反撃します。

「やだなー、部長。今はもう令和ですよ。そんな昭和のオジサンみたいなことを言わないでくださいよ」

「うん、ここはどこだ？　どうやら昭和のオフィスにタイムスリップしてしまったようだな」

「そう言えば、部長の娘さんもお年頃ですよね。彼氏いるんですか？」

笑いに変えると言っても、ふざけて言うのは逆効果。おもしろおかしく言う必要はありません。

真面目かつサラリと言うから、少々トゲがある言葉が笑いに変わります。周りに人がいれば、聞いた瞬間に爆笑してしまうでしょう。

それは、怒りが笑いに転嫁されているから。その場にいた上司も爆笑の渦を見て、居たたまれなくなります。

相手を攻撃しない程度に怒りを伝える――。それができるのが、笑いです。面と向かって怒りを表明するのではないので、カドは立ちません。それでいて、相手も「自分の言ったことが目の前の人を不愉快にさせる」と認識しやすくなるので、一石二鳥です。

怒りを伝えるヒント

笑いのボキャブラリーを増やそう

怒りを伝える❷

ガッカリする

イライラしたときに、その気持ちが顔に出る人がいます。こういう人はよくも悪くも周りから「分かりやすい人」として認定されています。

「あの人は今、イライラしているな」

周囲が察知してくれるので、ソッとしておいてくれたり、スルーしてくれたりします。無表情よりは感情を顔に出してくれるほうが、周囲にとっては付き合いやすいと言えそうです。

それでは、イライラを顔に出すのがいいのかと言えば、おススメはしません。特に相手が目上の人なら、なおさら。

その怒りの表情を見て、相手にも怒りが伝染してしまいます。「なんだ、その態度は！」と逆ギレされかねません。


上司に仕事を押しつけられそうになったとき、「イヤです！」「やりたくないです！」という気持ちを表情に出すとしても、目を吊り上げたり唇をワナワナと震わせたりしたら、それは怒っているのと同じです。相手にすれば、反抗的に映るし、怒りに火をつけることになります。

表情に出すとしたら、ガッカリ感。「こんな仕事も部下に頼むんですか」「上司なのにこんな仕事もできないんですか」という気持ちを言葉には出さずに、心底ガッカリした表情で訴えていきます。同時に、「ハァーー」と、深く溜息をつくのもアリかもしれません。

そのガッカリした表情を見ると、予想外の展開だけに、上司もオロオロします。「悪いことをしたかな」という気分になり、「今日はいいや」「なんでもないよ」とスゴスゴと引き下がることでしょう。

これは、女性が男性に対して怒ったときに感情を表明するときのよくあるパターンです。相手を反省させる・改心させるときに効果があります。

注意点を挙げるとすれば、軽蔑した表情にしないこと。冷ややかな目線を送ると、相手は「バカにされている」と感じて、逆ギレを起こすことがあります。

ガッカリと軽蔑は紙一重。「本当に残念です」という気持ちを強く出すと、いい具合にガッカリ感が出るのではないでしょうか。

怒りを伝えるヒント

残念無念な気持ちを表情に出そう

怒りを伝える❸

その場を立ち去る

よく映画やテレビで交渉の途中で「話にならない！」と、毅然として席を立ち、部屋から出ていくシーンが描かれます。実際にどの程度、ビジネスの現場でそういうことが行われているのかは知りませんが、いかにもありそうなことです。

相手からとても飲めない要求を突きつけられたとき。それは、往々にして相手がこちらの足元を見ています。

「これくらい要求しても、なんだかんだ言っても、ＯＫするさ」

そんな気持ちを持っているから、ムチャな要求でも平気で突きつけてきます。「拒んだら、困るのはそっちだ」と見くびっています。

「なんとかなりませんか？」と要求を下げるようなことを言っても、ムダ。足元を見ているのですから、態度は変わりません。

「これはヒドイ！」と怒りを露わにしたら、飛んで火にいる夏の虫。相手が「別にいいんですよ。取引先はおたくだけではないですから」と開き直って、かえって要求を強めかねません。

ムチャな要求に対して、面と向かって食ってかかるのは、逆効果。ほかの行動を模索していきます。

ムリな要求に対して怒りを表明するとしたら、冒頭に言ったような毅然として席を立つ方法しかありません。どのようにすればいいのかと言うと、「分かりました。もうけっこうです」と、ひと言だけ言って、その場を立ち去るだけ。それで十分です。あくまでも無表情、かつクールに言い放つこと。決して怒気を含んだ言い方をしてはなりません。少しでも怒りが混じっていたら相手に伝染して、その場の収拾がつかなくなります。

表情を一つも変えずに毅然として席を立って出ていってしまったら、相手は「やりすぎたな」と感じます。後日、「この間は失礼しました」と、相手のほうから修復を申し出てくることでしょう。

やりたくもない仕事を上司にねじ込まれそうになった部下の場合、何かをやりかけていても、「打ち合わせに行ってきます」とか「今日はもう失礼します」とか言って、オフィスを後にしてしまいます。その場を立ち去るという行動自体が、「ＮＯ」のサインン。上司も「やりすぎたかな」と態度を変えるはずです。

ポイントは、間髪を容れないこと。上司に言われた瞬間に、スッと立ち上がって出ていくくらいがベターです。

怒りを伝えるヒント

無表情かつクールに立ち去ろう

怒りを伝える❹ 第三者に言ってもらう

セクハラとかパワハラとかいじめは、しているほうが「悪いことをしている」と認識していないケースもあります。善悪の判断がつく大人でも、そういう傾向が見られます。だからと言って、「していい」ということにはなりません。また「そんなつもりはなかった」と言えば、許されるものでもないです。

されたほうは、しっかり怒りを相手に伝えるべきです。それは、自分を守るための怒り。こう言うと、「当事者ではないから、そんなにカンタンに言えるんだよ」という指摘が飛び出してきます。「カンタンではない」のは、そのとおり。

もしセクハラ（パワハラ／いじめ）をする相手に直接、抗議の怒りができるのであれば、とっくにしているはずです。それができないからこそ、いまだに受け続けているのでしょう。

そういう深刻な状態であれば、間接的に怒りを伝えるようにします。それは、第三者に訴えること。

公正中立な機関に「こんなセクハラ（パワハラ／いじめ）を受けました」と訴えるのが一番確実です。組織内の内部告発機関に訴えるのは悪いことではありませんが、うやむやのうちに処理されることもあります。告発したほうがソンをする恐れもなきにしもあらず。

あまり大ごとにしたくないのであれば、別の方法があります。自分自身と、ひどいことをしてくる人の両方をよく知る、組織外の中立な第三者を探してみましょう。

「以前からこういう被害に遭っているので、○○さんに『やめなさい』と言ってくれませんか？」

その第三者に自分に代わって、相手に怒りを訴えてもらいます。社会的地位のある人なら、なおいいでしょう。

そういう人に直々に言われたら、セクハラ（パワハラ／いじめ）をする人も、「してはいけないことをしていた」と痛感します。自分の不明を恥じて、心を入れ替えるのではないでしょうか。

第三者に言ってもらうのは、劇薬です。効き目はありますから、「ここぞ」というときに使いたいものです。

怒りを伝えるヒント

信頼できる人に代わりに伝えてもらおう

怒りを伝える❺

他人の失敗例を言う

「向かいのご主人、どうやら浮気しているようなのよ。この間、奥さんと大ゲンカして『離婚してやる！』って大モメしたんだって。それでご主人はしばらく家に帰っていないらしいの。どうなることかしらね。フフフッ」……

他人の不幸は蜜の味。こういう噂話は、瞬時に伝わっていきます。

女性も男性も、こういうゴシップは大好きです。自分に関係のないことだから、「アハハ」と無邪気かつ無責任に笑うこともできるし、対岸の火事のようにノホホンとしていられます。

もっとも、自分も似たようなことをしているのなら、別。他人のことなのに、まるで自分自身のことを言われているような気になってきます。

もし自分自身にも身に覚えがあるようなら、浮気が原因で大ゲンカした夫婦の話を妻がしたことで、夫は「バレているのではないか」と疑心暗鬼になります。「もしかしたら妻はすでに知っていて、俺にそういう話をしたのか」と、勘ぐってしまうでしょう。

本当にその妻が夫の浮気を知っていて、ほかの夫婦の話をしたら、怒りを伝えるのに効果的なやり方です。妻のほうが、夫より一枚も二枚も上手。

女性はこういう演技がお手のもの。妻と一緒にいると、夫は生きている心地がしないでしょう。


他人の失敗例を持ち出されると、言われたほうは「これは自分のことを言っているのか?」という不安な気持ちになります。面と向かって怒りを表明するよりも、精神的にこたえます。

失敗例を話すとき、最初からそれを持ち出すと効果が限定されてしまいます。まったく関係のない話から始めていって、相手がまったく警戒しなくなった頃合いを見計らいます。

「そうそう、こんなことがあったんですよ。知っていますか?」

たまたま思い出したかのように話を始めていきます。警戒を緩めた相手は、自分に関係のある話をされるとは思っていないから、「フンフン」と軽く聞き流します。

そのうちに「これは自分のことを言っているのではないか?」と気が気でなくなります。なかには青くなる人もいるかもしれません。

ひととおり話し終わったら、「その後どうなるんでしょうかね」と、多少関心がありそうなひと言で締めくくります。これは、相手にクギを刺したのと同じ。

他人の失敗事例を聞かせるのは、相手に「自分もいずれこうなるのか……」と暗示を与えること。相手にとって反面教師となれば、迷惑となる行動を抑制させることにつながります。

怒りを伝えるヒント

いろいろな失敗例をネタにしよう

怒りを伝える❻

敬意を表する

「こんなことを言われたくない」

「あんなことをされるのはイヤだ」……

不快な言動をされると、怒りが頭をもたげてきます。ガマンすることはないのですから、それをそのままストレートに言ってもいいです。

もっとも、怒りを露わにすることで自分の立場が悪くなるようなら、本末転倒。怒ったことで自滅してしまいます。

怒りを伝える方法には、いろいろなものがありますが、諸刃の剣となりそうなものもあります。それは、「敬意を表する」こと。これは、かなりの高等戦術の部類に入るでしょう。

できる人やエライ人が失敗したときに、「○○さんともあろう人がこんなミスをするなんて……」と言われることがあります。「弘法にも筆の誤り」で、どんな名人でも失敗することがあります。

失敗それ自体は大したことがなくても、名人がするとビックリされたり大げさに騒がれたりします。よく言えば、人間は誰でもミスをするという平等思想に則ったものですが、その半面、「〇〇さんでもこんなミスをするなんてね」というイヤミや皮肉が込められています。

一歩間違えば、イヤミや皮肉になりかねない……。そこが、諸刃の剣たるゆえんです。


自分の上司が不快な言動をしたとき、面と向かって怒りを表すよりも期待を込めたものの言い方をすると、相手にその気持ちがより強く伝わります。自分の担当外の仕事を押しつけてくる上司には、こんな言い方をしてみます。

「〇〇さんともあろう人が、こんなムチャクチャな仕事の割り振りをするとは、ちょっとビックリです。もっときちんとマネジメントをしてくださる方だと思っていましたが、今日は忙しかったんですね。それとも私の知らないところで、何かあったのでしょうか？」

「部長ともあろう人が、今ごろになって、こんな仕事を命じるのですか。いつも先を見てテキパキと指示を出される方なのですから、今日は例外ですね。この次は早めにお願いします」

言葉では、「きちんとマネジメントをしてくださる」「いつも先を見てテキパキと指示を出される」と敬意を表した言い方をしています。その裏では、「ムチャクチャな仕事の割り振りをしないでくれ！」「今ごろになって仕事を命じるな！」という怒りをオブラートに包んでいます。**イヤミや皮肉の寸止め**といったところです。

怒りの気持ちは、ギリギリに抑えられています。言われた上司にしても敬意を表されながら、抗議を指摘されているので、「まずかったかな」「やりすぎたかな」と割と素直に受け入れるようになります。次からは早めに、または適切に指示を出そうという気になります。

「ムチャクチャな仕事の割り振りをしないでください！」

「今ごろになって仕事を命じないでください！」

このようにストレートに言ったら、「上司の言うことを聞けないのか！」と逆ギレされるだけです。根に持たれて、左遷とかリストラの憂き目に遭いかねません。

不快な言動をされても、敬意を表しながら、怒りを伝える――。高等戦術ですが、これができるようになると、相手がどんな人であっても人間関係がおかしくなることはありません。

怒りを伝えるヒント

イヤミや皮肉にならない、ギリギリの言い方をしよう

怒りを伝えるときに、決定的なことは言わない

相手に迷惑なことをされたとき、「もうイヤ!」「いいかげんにして!」という気持ちになります。なかには、怒りが込み上げてきて、相手のことを100%許せなくなってしまう人もいます。本人にすれば、それだけその怒りが大きかったということで

しょう。

子どものころは、ケンカをして「絶交だ」と言って別れても、数日もすれば、どちらからともなく歩み寄って、仲直りできたものです。「ケンカするほど仲がいい」という関係もあったのです。

残念ながら、大人になると、そうカンタンに一度こじれた関係は戻りません。なかなか「雨降って地固まる」とはならないものです。

もしすべてを「許せない！」としてしまったら、もはや相手と決裂するしかなくなります。修復不能になって、こちらがダメージを受けたりデメリットを被ったりすることも出てきます。

「坊主憎けりゃ袈裟《けさ》まで憎い」では、いい人間関係を築くことができません。どこかでうまく折り合いをつける必要が出てきます。

誰かが迷惑なことをしてきたとしても、怒っていいのはその行動に対してだけです。相手そのものではありません。そこの区別は誰もができていなければならないことです。

罪を憎んで人を憎まず。憎んでいいのは、その罪に対してだけ。これは、怒りでも同じです。

怒りを相手に伝えるときに、「それを言ったらおしまい」ということは決して口にしてはなりません。言った瞬間に、相手は傷つきます。もしかしたら、二度と立ち直れなくなるかもしれません。

たとえば、稼ぎがあまりよくない、あるいはリストラされた夫に対して、妻が不満を持っているとき。怒りに任せて、よくこんなことを言いがちです。

「あんたに能力がないから、私はこんなに苦労をしなくちゃならないのよ。いいかげん私の身にもなってよ」

稼ぎが少ない、リストラされてしまった……。

そのことを一番気にしているのは、夫です。「苦労をかけて申し訳ない」という気持ちも持っているし、「妻が文句を言うのも仕方ない」と自分のふがいなさを認めてもいます。

もしかしたら、妻には内緒で就職活動をしていたり、スキルアップのためのジョブトレーニングを受けていたりするかもしれません。そこに決定的なひと言を放たれたら、立ち直れなくなります。「妻のために頑張ろう」という気持ちも失せるし、二人の関係も修復不能になってしまいます。

「覆水盆に返らず」

口にしてしまったことは一度言ったら取り返すことができません。どんなに怒りが込み上げてきても、「言ったらおしまい」という言葉だけはグッと飲み込んでもらいたいのです。

稼ぎが少ない、あるいはリストラされてしまった夫にしても、能力がないわけでもないでしょう。入った会社が合わなかっただけかもしれないし、ひょっとしたら本人が言わないだけでパワハラに苦しんでいたのかもしれません。「あんたに能力がない」では、傷口に塩をすり込むようなものです。

ちなみに、「それを言ったらおしまい」とは、相手の人格や能力を否定すること、コンプレックスや悩み、出自やセクシュアリティーについてなど。

「これを言ったらおしまい」

そういう言葉は、言った瞬間にゲームオーバー。これは、決して大げさに言っているのではありません。仕事・プライベートを問わず、日常生活のどこでも起こり得ることです。

怒りを伝えるヒント

相手と決裂するようなことは言わない

怒りを伝えたときの私の失敗例

この章の最後に、私の失敗例をお話しします。読者のみなさんには、「反面教師」「他山の石」としてもらえれば、幸いです。

私は以前、「日本のお笑いは終わっている」という自分なりの考えをツイッターに投稿したことがあります。日本のお笑い界に対する怒りの表明です。

日本のお笑いは身内だけでやっているから、予定調和でつまらない。イギリスやアメリカでは政治や社会を風刺していて、とても面白く、日本にもそういうお笑いがもっとあるべきだ。日本のお笑い芸人がそうしたお笑いに取り組まないのは、もう終わっている……。

そんな趣旨のことをツイートしたら、お笑い芸人の数十人から猛反発されました。付き合いのあった芸人さんからは白い目で見られるにとどまらず、そのうちに騒ぎが大きくなります。

挙げ句の果てに、松本人志さんの番組に出演し、釈明させられる始末です。松本さんからは「茂木さんはセンスがない」とイジられましたが、それだけ素人に批判されたことが許せなかったのでしょう。

今思うと、**私に足りなかったのはお笑いのセンスではなく、怒りを伝えるセンスで**した。日本のお笑い界に対して別の方法できちんと怒りを表明していれば、局面は変わっていたように思います。

そもそもテレビに出ている芸人さんは、お笑い界では超エリートです。日本には、何千人、何万人というお笑い芸人がいて、そのほとんどは食っていくことができず、バイトをしながらギリギリの生活をしています。テレビで活躍する芸人は、エリートなのですから、批判するにしてもまず敬意を欠いていていました。

「日本のお笑いのエリートともあろう方が、日本人だけに受けるお笑いに満足していていいのですか？　もっと世界中の人を爆笑させるお笑いができるのではないですか？　あなた方なら、もっとできるはずです」

そんなふうに伝えなければなりませんでした。あるいは笑いに変える手もあります。

「今やお笑いもグローバルの時代。まさか日本人だけに通用するお笑いに満足してはいませんよね？　世界に通用する笑いを届けてくれるのを楽しみに待っています」

多少のイヤミや皮肉も入っていますが、こういう言い方をしたら、お笑い芸人の反応も変わっていたはずです。「もっと新しいお笑いに取り組んでみよう」と思ってくれたかしれません。

日本のお笑いに対する私の怒りは、結局のところ、大失敗です。あえて教訓を導き出すとすれば、「相手に応じて適切なやり方で怒りを表明すること」「相手を怒らせてはなんにもならないこと」でしょうか。

もっとも、そのおかげで怒りを伝える方法について、以前よりも真剣に考えるようになったし、その体験を本書の事例にすることもできました。その意味では、私のツイートに逆ギレした芸人さんに感謝しなければなりません。

改めて言います。ありがとうございます。

怒りを伝えるヒント

相手に応じて、適切な方法を採用しよう

この章のまとめ

・自分が怒っていることを相手に上手に伝えることも必要。
・怒りを相手に伝える方法は六つ。
①笑いに変える②ガッカリする③その場を立ち去る④第三者に言ってもらう⑤他人の失敗例を言う⑥敬意を表する
・怒りを伝えるときに言ってはいけないことは、人格や能力を否定すること、コンプレックス、悩み、出自、セクシュアリティーについてなど。
・怒りを伝えるには、センスがいる。

第5章

今日から始める怒らない習慣

怒らない人になる習慣を身につける

怒らない人になるのに、修行をする必要はありません。ガマンするのは、ご法度です。それは、怒りを先送りするのではなく、蓄積しているだけですから……。

怒らない人になる方法――。

それには、あなた自身の脳を「怒らない脳」に変えてしまうこと。おそらくこれが一番手っ取り早い方法です。

日常生活でムリなくできる行動をすることで、「怒らない脳」に変えていきます。

こう言ったとしても、何も特別なことをするわけではありません。

脳トレみたいなことも不要。誰もが日常的にできることを通じて、怒らない脳にしていきます。

条件を挙げるとすれば、ただ一つ。それは、続けていくこと。行動は継続していくことで「習慣」になります。

習慣とは、「そうだ、あれをしよう」と考えたり決断したりすることなく、無意識にできてしまうこと。**意識せずにやれるようになっているから、続けることができる**のです。

そうした習慣をいくつか身につけていくことで、「怒らない脳」になることを目指します。この章では、誰もが手軽に始められる「怒らない脳」に変えていくための習慣をご紹介します。

習慣と言うと、どうしても「続けなければならない」と思いがちですが、そこまで堅苦しく考えることもありません。また人によって、合う／合わないがあります。10の習慣を用意したので、その中にいくつかあなた自身に合うものがあるのではないでしょうか。いずれもハードルは高くなく、今日からすぐに実践できるものばかりです。

身につけるのは一つだけと決める必要もありません。二つ、三つと重ねて身につけ、実践していけば、効果が高まります。

何を選ぶのか。またどれを実践していくのか。それは、読者であるあなた自身が決めていくこと。

実践してどれくらいの期間で「怒らない脳」に変わっていくのかは、人それぞれでしょう。それでも身につけていくうちに、イライラやカッカすることが少なくなっているはずです。

そうした体感を得れば、脳が変わっている証拠。そのまま続けていけば、きっと「怒らない脳」になっています。

次からは、習慣について一つひとつ具体的に説明していきます。楽しみながら、実践していきましょう。

怒らない脳に変えるヒント

自分に合った方法を続けてみよう

怒らない習慣❶ いいところを見つける

何度も述べましたが、イライラしたりカッカしたりしているときは、脳が怒りにハックされています。この状態になると、脳は思考停止になっています。怒りのモトとなっているものを許せなくなっています。あるいは強制的に排除しようとします。

それ以外の行動を選択できなくなっている……。一種の視野狭窄です。

脳は本来、無限とも言える回路を持っていて、これまでまったく接点がなかった神経細胞がつながることで、新たな発想やひらめきが生まれたりします。問題が発生しても脳が正常に活動できていれば、打開策や起死回生のアイデアが出てくるかもしれません。

ところが、怒りにハックされてしまうと、新たな回路がつくられることもなくなります。許せない、排除するという回路しか機能していないので、トラブルやケンカといった事態に発展することが多くなります。なんら生産的な行動がされるはずもなく、いいことが起こることもありません。

常に回路がつくられるようにするには、脳を「とらわれない」状態にしておく必要があります。とらわれがあると、脳は特定の回路しか使われなくなりがち。怒りにハックされている状態がまさにそれです。

とらわれをなくしていく習慣は、いいところを見つけるようにすること。どんな人にも、あるいはどんなものでも、いいところは必ずあります。それを意識して見つけるようにするのです。

たとえば、レストランに入ってスタッフが注文した料理を忘れてしまったとします。「レベルが低すぎる！」とイラッとするのは、その人の行動にとらわれていることにほかなりません。あるいはその人の一部しか見ていないということ。

そのスタッフも、常にミスをして誰かをイラッとさせているわけでもないでしょう。注文を忘れたのは、たまたま体調が悪かったり、考えごとをしていたりしたからかもしれません。

そうした事情は、客には分からないことです。注文を忘れてしまったという事実は変わりないですが、怒ったところですぐに料理が出てくるということもありません。スタッフ教育のため、再発防止のために怒るとすれば、客側の越権行為。過度にやれば、相手へのいじめになります。

こういうときにそのスタッフのいいところを見る習慣が身についていれば、イラッとすることもありません。そのスタッフは「いらっしゃいませ！」「お待たせしました！」という挨拶がきちんとできています。料理を持ち運びする動きもスムーズ、こちらが「追加でオーダーしたいな」と思ったときに、タイミングよく聞きにきてくれることもあるでしょう。顧客の好みを聞いて、おススメの料理を選んでくれるチョイスもなかなかのものです。

怒りにとらわれてしまうと、そうしたいいところを見つけることもできなくなってしまいます。たった一つのイライラで「あのスタッフは失礼だ！」と決めつけてしまえば、こちらの好みを聞き出しておススメの料理を食べる機会を逃してしまいます。そちらのほうが、はるかにもったいないことではないでしょうか。

いいところを見るようにすれば、相手がちょっとイラッとさせる行動をしたとしても、「そういうところもあるよね」と受け流すことができます。誰だって、完璧ではありません。ミスも失敗もします。それでも、それ以上にたくさんのいいところを持っているものです。いいところを見るようにすれば、「この人はデリカシーがない」という決めつけもなくなります。

ふだんからいいところを見つけるようにしていれば、脳の中の「いいところを探す回路」が強化されていきます。神経細胞をつなげようとする機能が強化され、怒りに脳がハックされることを防止できます。

断っておきますが、いいところを見つけるのは、相手のミスや失敗に目をつぶることではありません。あくまでもとらわれないようにするためです。

怒らない脳に変えるヒント
会った人すべてのいいところを見つけ出そう

怒らない習慣❷

ボーッとする

怒らない人と言うと、「おおらかな人」「余裕がある人」をイメージする人が多いのではないでしょうか。もちろん、そういう人が怒らないでいることは多いですが、脳科学的に言うと、ほかのタイプも追加できます。

それは、「ボーッとしている人」です。こう言うと、「鈍感な人ですか？」「何も考えていない人ですか？」「ヒマな人っていうことですよね？」という疑問を呈する人がいそうですが、まったく違います。

脳には、「デフォルト・モード・ネットワーク」という働きがあります。これが作用すると、これまでつながっていなかった回路をアトランダムに結びつけてくれます。

たとえば、企画を考えているときに行き詰まって、「ちょっとここらへんで休憩しよう」と、窓際に立って何げなく外の景色をながめているときに、不意に「これだ！」と、いいアイデアがひらめくことがあります。それは、デフォルト・モード・ネットワークのおかげです。
このデフォルト・モード・ネットワークは、何もしていないときに作用します。「いいアイデアはないかな?」とウンウンうなりながら考えているときは、まったく働くことがありません。

考えているときは、アイデアを出そうとする特定の回路だけが働いています。その回路が渋滞を起こしているから、アイデアが出てこなくなっています。言い換えれば、脳の中にせっかくアイデアのタネがあるのに、渋滞が起きたためにアウトプットされずにいる状態。

休憩すると、そのアイデアを出そうとする回路が使われなくなります。脳が手持ち無沙汰になって、デフォルト・モード・ネットワークの出番。

渋滞していたアイデアを出そうとする回路とは別の、これまでまったく使われていなかった回路が新たに結びつきます。いいアイデアはそこを通って、アウトプットされます。それが、「これだ!」とひらめいた瞬間です。

脳のデフォルト・モード・ネットワークは、何もしていないときだけ働きます。目的がある特定のことをしているときは、出る幕がありません。さまざまな回路を結びつけるという、プラスの効果があるのに、ふだんはなかなか出番がないのは、もったいないことです。出番を与えるには、何もせずにボーッとするに限ります。

デフォルト・モード・ネットワークが働くようにするには、ボーッとすること。これが一番の特効薬ですが、日ごろからしていると、脳が怒りにハックされにくくなります。

イラッとしたりカーッとなったりしたときには、脳の中で「許せない！」「ヒドイ！」と相手を不快に思う回路だけが大きくなって、それしか働かない状態になりつつあります。本当は、脳には無数の回路があるのに、それらが働くのを妨げてしまっています。

デフォルト・モード・ネットワークを日ごろから働かせていると、怒りが込み上げそうになったときでも、特定の回路への集中を回避しほかの回路を使う方向にいくようになります。「ここはひと呼吸置こう」とか「いったん冷静になろう」といった自分自身をなだめようとする迂回の回路がつくられやすいのです。

イライラやカリカリが生じても、とるべき選択は「怒る」だけではありません。何をするのかという選択は無限にあります。アイデアに行き詰まったときのように、デフォルト・モード・ネットワークを働かせるように仕向ければ、最適な行動をもたらす可能性が大です。

カーッとなったときに、いきなりデフォルト・モード・ネットワークを働かせるのは、やはり難しいものです。日ごろからそういう習慣がついていれば、カーッとなったときにも自然にデフォルト・モード・ネットワークを働かせるような行動をとれるようになります。

いざというときのために、日ごろからボーッとしている。デフォルト・モード・ネットワークは、「転ばぬ先の杖」です。一日の中で5分とか10分くらいはボーッとする時間を持ちたいものです。

ボーッとするのは、「何もしていない」ように見えるので、抵抗を持つ人もいそうです。けれども、そうしなければ、さまざまな回路を結びつけてくれるデフォルト・モード・ネットワークが働いてくれません。

そうは言っても、職場や学校でボーッとしていると、サボっているように見られがちです。事情を知らない人から「ちゃんと仕事をしろ！」「しっかり勉強しなさい！」「集中しろ！」と言われかねません。そういう懸念がある人は、公園やカフェ、あるいは自宅の書斎といった人目が気にならないところで、ボーッとするのがいいでしょう。

怒らない脳に変えるヒント

一日のうちせめて5分は何もしない時間をつくろう

怒らない習慣❸

雑談する

動物園でサルの毛づくろいを目撃した人は多いのではないでしょうか。お互いが同時にやっているか、交互にやっているかは別として、どちらかが一方的にやっているわけではありません。シラミなどの虫を取ったりするのが目的ですが、こうした行動は**「グルーミング」**と呼ばれています。

このグルーミングをすることで、愛情ホルモンのオキシトシンが分泌されます。サル自身は「オキシトシンが分泌される」ために、毛づくろいをしているわけではありません。

前述したように、シラミなどの虫を取ったりするのが目的の一つと言われています。それは生存上必要なことですが、同時に、オキシトシンが分泌されることで愛情が高まるから、積極的にしている部分は「なきにしもあらず」でしょう。本能的に「快」だと分かっているから、ドンドン毛づくろいをしていきます。

人間も、サルと同じように毛づくろいをすれば、オキシトシンが分泌されます。もっともカラダにシラミや虫がついている人などまずいませんから、オキシトシンが分泌されるようになるには、ほかの行動で代替することになります。

その行動とは、「雑談」です。**雑談は、人間にとっての毛づくろい**です。

雑談することで、相手とともに笑ったり共感したり、ときには泣いたりすることで、オキシトシンが分泌されます。雑談と言うと、ヒマな人がすること、あるいは時間潰しにするものというイメージがあるかもしれません。もしそう考えているとしたら、なんとももったいないことです。

雑談には、目的もルールもない……。無計画とか無節操と言われれば、そのとおりなのですが、逆に言うと、「だからいい」のです。

目的を持つと、どうしてもゴールにたどり着こうとしてしまいます。ゴールに到達できそうもなかったり、ルールが守られなかったりすると、イライラしたりカリカリしたりしてきます。

目的がないと、ムリにゴールする必要もありません。ルールがないから、出た話題を引っ張るのも、突然方向転換させるのも、自由。そのときどきの流れに任せていきます。

雑談をしているときは、脳がたくさんの回路を使っています。何を話そうか考える。相手の反応を見る。相手の話を聞く。その話を受けて、自分が話すことを考える。話しながら、何かを思い出す。それを話そうとして、話題を変える……。短い時間であっても、脳のさまざまな部分が活動し、また回路が使われています。たかが雑談ですが、脳を活性化させています。

このように脳のあらゆる回路を使う習慣がついていると、イライラしても怒りの回路がつくられるのをブロックします。脳が怒りにハックされることもなくなります。雑談は、脳のたくさんの回路を使う行動、脳を活性化させる手段でもあります。もしかしたら、サルも毛づくろいしながら、雑談しているのかもしれません。

怒らない脳に変える効果があると分かれば、認識を改める人も多いことでしょう。たかが雑談、されど雑談。一日にほんの数分でいいから、「雑談タイム」を設けて、なるべく多くの人と共感するようにしたいものです。

ちなみに、雑談の具体的なやり方については、『最高の雑談力』(小社刊)をご参照くだされば、幸いです。

怒らない脳に変えるヒント

毎日、「雑談タイム」を設けよう

怒らない習慣❹

慣れないことをやってみる

これまでやったことがないこと、「難しいな」と思っている、ちょっとレベルの高いこと。あるいは過去にやったことはあるが、面倒くさくてやめてしまったこと……。

こうした慣れないことをやると、「怒らない脳」に変わっていきます。あなた自身も、怒らない人になれます。

慣れないことをやると、すぐにできなくて、イライラしてしまう。「もうちょっとでできる」というところにまで来たのに、ツメを誤って失敗し、カーッとなってしまう……。

確かに上手にできないうちは、その懸念があります。イライラが募るようなら、意味がありません。それでもそうしたマイナスを上回る効果があるから、やってもらいたいのです。

できないことができるようになると、脳内ではやる気のモトとも言えるドーパミンが分泌されます。**ドーパミンが分泌されると、「もっと上のレベルのことをやろう」と、やる気が高まってきます。**やったことがないこと、難しい行動に果敢に挑戦するようになります。結果として、自分自身のレベルアップが促進されます。

メリットは、これだけではありません。慣れないことをすると、視野が広がり、脳の回路が強化されるようになります。

私自身の例で説明しましょう。

私は2014年度上半期放送のNHKの連続テレビ小説「花子とアン」に出演したことがあります。別に私が「出してください」と頼んだわけではありません。もっとも、私は『赤毛のアン』の大ファンで、その翻訳者でもある村岡花子さんをモデルにしたドラマということもあって、二つ返事でオファーを引き受けました。

私自身、脳科学者ですし、過去に演技の経験はゼロ。放送を見た人からは「セリフが棒読みでしたね」と言われる始末です。

あるいは、脳科学者でありながら、小説も書いています。2018年には『ペンチメント』というタイトルの小説を上梓しました。

演技については、ど素人。小説にしても、その道何十年という人に比べたら、足元にも及びません。

にもかかわらず、慣れないことをするのは、自分がまだ知らないでいることを知るためです。演技でも小説でも、やってみなければ分からないことは確かにたくさんあります。

「プロの俳優さんはこんなふうにセリフを覚えるのか」

「演じるうえで、こんなふうに気持ちを高めていくのか」

「作家は、こんなふうにプロットを考えているのか」

「人物描写はこんなふうに深めていくのか」……

やってみると、その道の人たちの努力のすさまじさや苦労が初めて分かります。それは、門外漢でいる限り、永遠に分からないでいたことです。

慣れないことをすると、自分の未熟さや勝手に決めつけていたことなどが見えてきます。**自分の無力さを痛感することで、許容範囲が広くなります。**

レストランでスタッフが注文を間違えて持ってきたとしても、「この人たちもいろいろと大変なんだな」と思えるようになれば、イライラしなくなります。「これは頼んでいないけど、初めて見る料理でおいしそうだから食べてみますね」と言うようであれば、「怒らない脳」に変わった証拠。

それこそ慣れないことへのチャレンジです。食べてみておいしければ、ドーパミンが出ることでしょう。

誰にでも慣れないことは、たくさんあります。それを一つずつやっていけば、脳に新しい回路がつくられることにつながります。慣れないことをすることそのものが、脳を活性化することにほかなりません。

怒らない脳に変えるヒント

やったことがないことにチャレンンジしよう

怒らない習慣❺

人にものを頼まない

人にものを頼むのは、日常的に誰もが行っていることです。確かに一人でできることには限界がありますから、人に何かをやってもらうことは合理的です。

得意なことは、自分がやる。自分が不得意なことは、ほかの人にやってもらう。反対に、その人が不得意なことは、自分が代わりにやる。そのうえでその人が得意なことは、積極的にやってもらう……。

こういうギブ・アンド・テイクで、世の中は回っています。「持ちつ持たれつ」は、どちらかが一方的にトクをしたりソンをしたりすることにはなりません。結局は、お互いさま。

ところが、「怒らない」という観点から見ていくと、人にものを頼むのはあまり好ましいとは言えません。むしろ怒りを誘発する原因にもなり得ます。

できることはなるべく自分でやる。面倒なことや、自分にはできないことでもやってみる。

これは、「慣れないことをやってみる」にも通じています。私自身は、そうした自立した生き方を標榜しているし、それが怒らない人になる道だと思っています。


たとえば、ある人に営業でアプローチしようと思っているのに、まったくツテがない場合、共通の知り合いを探して、その人に紹介してもらえるように頼むのは、よくあることです。そのほうがスムーズにものごとが運びそうです。

紹介してもらってうまく取引にまで結びついたら、共通の知人のおかげです。今度は間に入ってもらった知人に、プラスになりそうな人を引き合わせたりします。これが、ギブ・アンド・テイクです。

もっとも、これは首尾よくいった場合。共通の知人が間に入っても、「会いたくない」と拒絶されることもあり得ます。あるいはせっかく紹介してもらったのに、こちらが粗相をして、共通の知人のメンツを潰すこともあるかもしれません。

前者の場合、紹介を依頼した人が共通の知人に対して、「なんだよ、役に立たないじゃないか」と納得できずにいます。後者の場合は、共通の知人が「なんてことをしてくれたんだ」と、紹介を依頼した人に不満を爆発させます。

どちらにとっても、いい結果にはなりません。どちらも相手に怒りを覚えることになります。

何かを頼むときは、必ず相手に期待します。そのときは「うまくいくはず」「きっとやってくれるだろう」という希望に満ちていて、悪いことなど想定していないことが多いものです。行動するのは、あくまでも依頼をした相手。**その人がどういう行動をするのかは、コントロールの範囲外。**

うまくいくこともあれば、うまくいかないこともあります。それは当然のことなのに、なぜか頼むほうが勝手に「うまくいく」と思い込んでいて、実際にうまくいかないと「なぜダメなんだ」と怒ってしまう……。これを自己中心的と言わずして、ほかにどう表現すればいいのでしょうか。

なんとかうまくいったとしても、納得できるクオリティーにならなかったら、「この程度か」と、やはり不満を持ちます。逆に、予想以上にうまくいったときには「これで大きな借りができてしまったな」と、不安を覚えます。

どういう結果になるにせよ、人にものを頼んだときの勝手な期待は、怒りのモト。それなのに、多くの人は、自分自身が進んで怒りのモトを生み出していることに無頓着です。

私は「ギブ・アンド・テイク」のすべてを否定しているのではありません。人にものを頼むと勝手に期待してしまうから、それを「しないほうがいい」と言っているだけです。

どうしてもできない場合は、人に頼むのもアリです。ただし、それは最終手段。できるだけ自分自身でやってみて、いよいよどうにもならなくなったときに限ったほうがいいでしょう。

そこまでやれば、脳にもいろいろな回路がつくられて、活性化しています。できる限りのことは、一人でやったほうが自分自身にとっても、また脳にとってもいいに決まっています。

怒らない脳に変えるヒント

できないこともギリギリまで自分でやってみよう

怒らない習慣❻

ながら仕事をする

カフェやファミレスといった雑音のあるところで、パソコンを持ち込んで仕事をする人がいます。そうした「ノマドワーカー」は至るところで見かけるようになりました。私もその一人です。

人間の脳は人の話し声が聞こえたり、音楽が流れたりするような場所でも、集中することができます。耳栓をしてまったく音が聞こえない状態で仕事をするよりも、かえって成果が挙がるものです。

一般に70デシベル程度の音がある状態なら、前頭葉の鍛え方にもよりますが、人は集中できます。カフェやファミレスなどの店内の雑音が、だいたい60～70デシベルです。

交通量が多いとか工事が行われている場所の近くのような騒音状態なら別ですが、適度な音がするくらいなら、集中を妨げることはありません。もしカフェやファミレスで仕事や勉強をしているのに、「集中できない」としたら、悩みや迷いがあるといったほかの要因が考えられます。

集中しているからと言っても、近くにいる人の会話や流れるBGMがまったく聞こえないということはありません。音は耳に入ってきて、脳もそれを認識しています。それでいて集中を妨げられることはありません。

ちなみに集中して仕事や勉強に取り組んでいても、自分の名前が呼ばれたら、反応します。それが上司とか取引先のエライ人の声に似ていたら、即座にあたりをうかがうはずです。

集中していても、脳はありとあらゆることに即座に反応できるようになっています。仕事や勉強に取り組んで集中していたとしても、それ以外の回路、たとえば、音を聞くという回路が閉じられることはありません。何かに集中して取り組んでいても、それ以外の回路も働いています。

一度に二つ以上のことをする「ながら仕事」はよくないことのように思われがちですが、脳の複数の回路を同時に働かせることになりますから、なんら悪いことではありません。むしろ脳を活性化させます。

集中していたとしても、一つのことにとらわれなくなります。目の前のことに取り組みながら、ほかのことにも注意を向け、さまざまな回路を働かせていますから、脳はフル回転しています。脳のポテンシャルをドンドン高めることなのです。

こうしたながら仕事やながら勉強をしていると、脳が多方面で活動することになりますから、特定の回路だけを使うことを回避するようになります。イライラしてきても、脳が怒りにハックされにくくなります。

日ごろからながら仕事をしていると、イライラやカリカリが発生しても、それにとらわれることなく、雑音のように軽く受け流して処理してしまいます。脳が怒りにハックされる余地がありません。

音楽を聞きながら仕事をする（私もモーツァルトの曲をかけながら、原稿を執筆しています）。友人と会話しながら、勉強をする……。

こうした行動をしても、悪いことではありません。脳を活性化させるだけでなく、「怒らない脳」に変えてくれるのですから、自分に合うのであれば、試してみてもソンはないでしょう。

怒らない脳に変えるヒント

一度に二つ以上のことをやってみよう

怒らない習慣❼

キレイな言葉を使う

売り言葉に買い言葉。何げなく放った言葉が、ケンカに発展することはよくあることです。あなたにも、身に覚えがあるかもしれません。

何かを伝えるのでも、言葉一つで相手の態度・反応は大きく変わってきます。お礼を言うときでも、「ありがとうございます」ときちんと頭を下げて言う場合と、「あざーす」と友だちと挨拶でも交わすみたいに軽く言うのとでは、相手の心証は180度変わってしまいます。

前者の場合、「それほどのことではありませんよ」と相手が恐縮するばかりか、こちらにいい印象を持ちます。関係が深まることもあるでしょう。

後者の場合、「なんだ、その言い方は！」と逆ギレすること必定《ひつじょう》です。「口のきき方がなっていない」と説教されるくらいならまだいいほうで、「もう二度と来ないでくれ！」と出入り禁止になる可能性が大です。

言葉は、その人の分身。使う言葉には、その人の思考や行動、価値観が色濃くにじみ出ています。

また誰かと会話するときでも、「次はこういうことを言おう」と一字一句しっかり考えながら、言葉を発するのではありません。ほとんどの場合、そのときどきの自分の気分に合った言葉をポンポン口から出すことになります。

無意識に出るのが、言葉です。これが何を意味するのかと言うと、怒りが脳にハックされたような、前頭葉のコントロールがきかない状態では、ふだん使っている言葉が出やすいということ。

日ごろから「おい」とか「お前」「バカ」「なんだよ」といった乱暴な言葉や「これをやっておけ」「早くしろ」といった命令形の言葉を使っていると、イライラしたりカーッとなったりしたときに、無意識にそういう言葉ばかり出てくるようになります。駅のホームですれ違う人とぶつかってイラッとしたときに、「おい、お前。謝れよ」という言葉が出がちです。

そんな言葉を聞いたら、温厚な人でも「なんだとー。お前こそ、謝れ」と反発します。まさに売り言葉に買い言葉。その場が一瞬で修羅場と化します。

乱暴な言葉を使っていると、思考や行動、価値観にも反映されてしまいます。ふだんから乱暴な言葉を使っていれば、どんなに取り繕っても、無意識に出てしまうものです。

一方で、**キレイな言葉を使っていると、思考や行動、価値観にも反映されていきます**。キレイな言葉とは、脳を「快」にする言葉。相手も自分も楽しくしたり喜ばせたりする言葉をふだんから使っていれば、いざというときでも、無意識に出てくるものです。

人間は、言葉によってコミュニケーションをします。脳を「快」にするキレイな言葉を使うと、相手の脳も快になります。

ミラーシステムが作用してお互いに「快」になって、幸せな気分になることでしょう。怒りが発生する余地はなく、完全にシャットアウトできます。

脳を不快にする乱暴な言葉を使うと、この逆になります。相手の脳が不快になり、ミラーシステムが作用してこちらも不快になってきます。攻撃性を加速させるノルアドレナリンが分泌されると、ケンカやトラブルに発展していきます。乱暴な言葉は、怒りを招きやすいのです。

どちらがいいのかは、言うまでもありません。「怒らない脳」にするためには、常日ごろからキレイな言葉を使うこと。どんな状況になっても、キレイな言葉だけが無意識に出るようになるくらい徹底させてみましょう。

怒らない脳に変えるヒント

どんなときでも相手も自分も楽しくなる言葉を使おう

怒らない習慣❽

朝早く起きる

私は前日の夜にどんなに遅くまで仕事をしたり飲んだりしても、朝は6時前に起きるようにしています。朝早く起きるのは、することがあるから。

もちろん、一つは仕事。ほかにも、やることがあります。それは、日課にしているジョギング。

朝起きて10キロジョギングするのが、私の10年来のルーティンです。家にいるときはもちろん、旅行先でも出張先でも欠かさずに行います。ジョギングするために、朝早く起きていると言っても過言ではありません。

この効果は、一つには体力増強。仕事で日本だけでなく世界を飛び回るには、ハードワークに耐え得る体力が不可欠。私にとって、ジョギングはそれを強化する最強の方法です。

もう一つは、怒らない脳にすること。朝早く起きて日光を浴びながらジョギングをするのは気持ちがいいものですが、それはセロトニンと無関係ではありません。

幸せホルモンと呼ばれるセロトニンは、日光を浴びると分泌されます。朝、日光を浴びながらジョギングをすると、セロトニンが大量に分泌されます。

セロトニンが分泌されると共感しやすくなって、怒りを覚えることが少なくなります。怒らない脳にするためには、日光はドンドン浴びたほうがいいのです。別にセロトニンのためにジョギングを始めたわけではないですが、怒りにくくなった原因の一つでもあったのです。

早起きしたとしても、何も私のようにジョギングする必要はありません。ウォーキングするだけでも十分です。

その時間がないならベランダに出て日光を浴びるだけでもＯＫ。日光を浴びながら5分くらいボーッとするとしたら、「怒らない脳」に変えるのに一石二鳥です。

怒らない人になるには、とにかく朝早く起きること。起床時間は、人それぞれでいいでしょう。

もしあなたが夜型の人だとしたら、いきなり5時とか6時に起きるのは難しいに決まっています。そんな人が**朝早く起きられるようになるには、起床時間を今より30分とか1時間早くすること。**

早く起きてすることを事前に決めてもいいし、何もしないでボーッとしていてもいいです。ムリなく起きられるようになったら、また起床時間を30分とか1時間早くするようにします。

「早起きは三文の得」と言われます。いつまでもグズグズ寝ていないでパッと起きたほうが脳にとってもいいのです。

怒らない脳に変えるヒント

今より30分とか1時間早く起きよう

怒らない習慣❾ 気遣いをする

「気遣いをすると、疲れる」

たまにこんなことを言う人に出会います。それだけ気遣いをするのは難しいことでもあるのですが、その一方で考えられるのは、慣れていないから（慣れていないなら、脳を活性化させるためにも、やるべきです）。

気を遣わないのは、ラクです。また快適でもあります。気を遣わない関係があるのはいいことです。

とは言え、ラクで快適だからと甘んじていると、脳の成長を阻害することにもなります。また実際に気を遣わなければならない場面に出たときに、緊張したり余計なことをしたりして、誰かに粗相をすることも「ない」とは言えません。エライ人を怒らせてしまうこともあるでしょう。

社会で生活していくうえでは、好むと好まざるとにかかわらず、多少の気遣いは必要です。それは、「怒らない脳」に変えるためにも避けて通ることはできないことです。

気遣いとは、相手に対して配慮すること。相手が喜んだり満足したりするように、陰に陽にこちらが適切に行動することです。

脳科学的に言うと、こうなります。相手の脳を「快」にさせること。こう言うと、余計に難しく感じるでしょうか。

ただし、メリットもあります。相手の脳が「快」になれば、ミラーシステムが働いて、自分の脳も「快」になってきます。

気遣いは人のためならず――。自分の脳も「快」になるのですから、積極的に行いたいことです。

気遣いをすると疲れる人の中には、相手の歓心を買おうとしているところがあるのかもしれません。それは相手の脳を「快」にすることではありますが、逆に自分の脳は「不快」になっています。

歓心を買うことと、気遣いをすることは、まったく別のこと。この二つは混同しないようにしましょう。

相手の脳を「快」にさせる気遣いをするには、観察したり先を予測したりしなければなりません。脳のありとあらゆる回路を稼働させることになります。

「もっとお茶を飲みたそうだから、新しいものを持ってこよう」

「空調がききすぎていないかな」

「次の予定があるようだから、ここらへんで話を切り上げたほうがよさそうだ」……

相手の一挙手一投足を見ながら、とるべき行動を瞬間瞬間で決めていきます。脳はフル稼働しているから、何か一つのことにとらわれにくくなります。イライラやカリカリするのを未然に防きます。

こちらの行動が相手の脳を「快」にさせているかどうかは、反応を見れば、ある程度は分かります。もし「快」になっていれば、自分自身の脳も「快」になってくるはずです。

そのときのあなたの脳にはドーパミンが分泌されています。「もっともっと」と、相手を気遣う行動をしたくなっています。

慣れてくれれば、気遣いをすることも楽しくなってきます。それは、相手の脳を「快」にすることで、自分自身の脳も「快」になっているから。気遣いは、相手にも自分にもメリットがある習慣です。

怒らない脳に変えるヒント

目の前の人を喜ばせてみよう

怒らない習慣⑩

成功した人を祝福する

あなたの同期が進めていたプロジェクトが成功したのに、自分が進めていた別のプロジェクトは暗礁に乗り上げてしまった。あるいは、同じ大学を受験したのに友人だけが受かって、自分は落ちてしまったために第二志望に行くことになった……。

知っている人と自分との間で、このように明暗を分けるのは、よくあることです。「いいこともあれば、悪いこともある」のが人生とは言え、現実に自分だけが結果を出せないと、やはりつらいものです。

このようなケースでどういう態度や反応をするかは、大きく言って次の二つに分けることができます。一つは、同期や友人をうらやましがって、「今に見ていろ!」「次こそは必ず」と、悔しさを露わにする。もう一つは、自分自身のことはさて置き、素直に同期や友人を「よかったね。おめでとう」と祝福する。もしあなたが同じような状況に置かれたなら、どちらになりますか。

おそらく多くの人が、前者のような対応をするのではないでしょうか。自分自身は失敗してしまったし、「悔しい」に決まっています。同期や友人を「うらやましくない」と言ったら、ウソになるでしょう。

正直と言えば、そのとおりですが、こういう態度や対応をするのは、脳にとってもいいことではありません。なぜかと言うと、**「今に見ていろ!」と悔しがるのは、実は自分自身に対して怒っていること**だから。

悔しがるのは、自分に対して怒りをぶつけることになります。このまま放置すると、気づかぬうちに脳が怒りにハックされてしまいます。「なぜ自分だけがうまくいかないんだ？」「絶対におかしい」と、誰か／何かのせいにしたり、八つ当たりしたりしてしまうかもしれません。

望ましいのは、明らかに後者です。うまくいった同期や友人を祝福すれば、脳が「快」になります。その理由を、アスリートを例にして説明しましょう。

オリンピックや国際的なスポーツの大会で、1位になった選手を2位以下の選手が「おめでとう」と言ったりハグしたりするシーンがよく映像に映し出されます。これは負けた人が勝った人を祝福していますが、たんなる社交辞令とは異なります。成功した相手に心からの敬意を表する行動と見て間違いありません。

勝った選手は、もちろん喜んでいます。その姿を見て、「なんでアイツが……」と、うらんだりひがんだりする選手はまず見当たりません。悔しさはあるに違いないのに、勝った人を祝福するのは、そのほうが自分自身も快になるからです。

脳のミラーシステムが作用しますから、**勝った選手を祝福してともに喜べば、自分**

自身の脳も「快」になります。祝福して脳を「快」にしたほうが、次の大会でいいパフォーマンスをすることができます。

反対に、負けた悔しさで自分自身に怒りをぶつけて脳を「不快」にするようでは、その後のパフォーマンスにも影響してしまいます。世界のトップレベルで活躍するアスリートはそのことを本能的に理解しています。

よく見ると、負けたほうが勝ったほうに一方的に「おめでとう」と祝福しているのではありません。勝ったほうも「よくやったね」「キミもスゴイね」「お互いに頑張ったね」と、負けたほうを労っています。

競技後の短い時間でもお互いに相手に敬意を表したコミュニケーションをしているので、オキシトシンも分泌されています。会場を後にするときには、勝ったほうも負けたほうも関係なく、脳が「快」になっています。これが、本当の意味での「ノーサイド」です。

「今に見ていろ!」と悔しがると、やる気がフツフツとわき上がっているように感じますが、これは、錯覚です。

自分自身に対して怒っていることであり、このとき分泌されているのはノルアドレナリン。攻撃性や闘争本能を高めるためのものなので、誰かを傷つけずにいられないし、長続きしません。

次のプロジェクトを成功させたり、第二志望の大学でも頑張って勉強したりする「やる気」とは根本的に異なるので、行動にはつながりにくいのです。いい結果をもたらすことは「ない」と言っていいでしょう。

同期や友人が頑張ったのは、事実。悔しがったりうらやましがったりするのではなく、彼らの活躍を自分のことのように喜べば、脳が「快」になります。「自分のプロジェクトをうまく進めよう」「第二志望の大学で頑張ろう」と、ドーパミンが分泌され、やる気が高まります。脳も次に結果を出せるように最適な行動を導き出してくれます。

自分自身がうまくいかなかったとしても、成功した人を祝福するだけで、脳が「快」になります。うまくいかなくて悔しがるより、このほうが脳にとっても自分にとってもはるかにプラスです。しないほうが「もったいない」ことです。

「自分がうまくいっていないのに、他人を祝福できないよ」

まだそう言い張る人がいるとしたら、結婚式を挙げようとするカップルをイメージしてみましょう。

あなたが街中を歩いているときに、たまたま式を終えたばかりのカップルに遭遇したら、たとえ知らない人でも「おめでとうございます。お幸せに！」と、声をかけるのではないでしょうか。相手側も「ありがとうございます」と微笑みながら感謝するはずです。

そのときのあなたは幸せな気分に包まれています。ミラーシステムが作用して、あなたの脳は「快」になっています。カップルとのちょっとした会話でもオキシトシンが分泌されているかもしれません。

このときあなたがしたことは、見知らぬ二人に「おめでとう」と言ったことだけ。その短い言葉を言ったことで、カップルから「幸せのおすそ分け」をもらっています。

成功した人を祝福するのも、これと同じ。ある意味では、相手から「成功のおすそ分け」をしてもらっています。

あなた自身がどういう状態であれ、うまくいっている人を祝福しましょう。それは、あなたの脳を「怒らない脳」に変えるだけでなく、相手から何かしらのおすそ分けをもらうことです。

怒らない脳に変えるヒント

誰かが成功したら、自分のことのように喜ぼう

この章のまとめ

- 「怒らない脳」には一朝一夕には切り替わらない。
- 習慣とは、無意識に行動できてしまうこと。
- 「怒らない脳」に変えていく習慣は、10個ある。

①いいところを見つける②ボーッとする③雑談する④慣れないことをやってみる⑤人にものを頼まない⑥ながら仕事をする⑦キレイな言葉を使う⑧朝早く起きる⑨気遣いをする⑩成功した人を祝福する

第6章

20世紀の怒り、21世紀の怒り

21世紀の新しい怒り

ここまで怒りについてさまざまな角度からお話ししてきました。とっさの怒りへの対処法、怒りの気持ちを相手に伝えるアプローチ、「怒らない脳」に変えるための習慣は、いずれも実践的であり、ぜひとも試してもらいたいものです。

どんな人でも、一朝一夕に「怒らない脳」に変わるわけではありません。試行錯誤や一進一退は当たり前。

それでも続けていけば、いつか必ず変化が表れます。そう信じて、一つでも実践してみましょう。

本書の最後となるこの章では、怒りについて近ごろ私が感じたことをお話ししていきます。テーマ的に言うと、21世紀の怒り。

グローバル化、ＩＴ化、またそれに伴う価値観の多様化によって、怒りのあり方や質も変わってきています。20世紀までには見られなかった「新しい怒り」もいくつか登場しています。

それらをどのように評価するべきなのか。またどのように対応していくのがいいのか……。

新しい怒りは、21世紀になって発生したもの。これから増えることはあっても、減ることはないでしょう。

これまでとは異なる対応をしなければならないとしたら、早急にその対処法を編み出し、また身につけておく必要もあるでしょう。大まかに言うと、その新しい怒りは、二つあります。

一つは、面従腹背的な怒り。

もう一つは、ネット上の怒り。

いずれも今日的なものです。特に後者については、すでに被害に遭われている人もいるかもしれません。

程度の差はあれ、誰にとっても極めて身近であり、看過できないものです。この二つについては、ある共通する存在が深くかかわっています。それが何者なのかは、のちほど判明しますが、ともあれ、一つずつじっくり説明していきます。

21世紀の怒りを理解するヒント

20世紀まではなかった怒りが発生している

素直で従順な21世紀の若者

私は日本の至るところにある大学や高校・中学によく講演に招かれて、何百人という学生を相手に1時間とか2時間たっぷりお話しします。テーマは脳に関連することが多いですが、生き方とか学生時代の過ごし方などについて話すこともあります。

どの大学や学校に行っても、おとなしくかつ熱心に話を聞いてくれています。その熱意にほだされて、ついつい時間をオーバーして話をすることになりがちです。

ひととおり話が終わったあとには、質問の時間を設けていますが、ここでもたくさんの学生が手を挙げて、疑問や悩みの解決法などを聞いてきます。毎回、講師冥利に尽きる思いです。

そんな真面目な学生たちを見て、気づかされたことがあります。とても素直で従順なのです。

それは、一面では学校教育の賜物とも言えます。興味を持ったことに積極的に取り組む学生をたくさん輩出するのはいいことです。彼らの将来にとっても、大いなるプラスとなることでしょう。

そういう学生を育てた学校関係者の努力には敬意を表すべきですが、一方では不満もあります。**ほとんどの学生がおとなしいし、また金太郎飴のように似通っています。**

「真面目で文句の一つも言わずによく働く大人になるように仕向けている……」

そんな不満も、私にはあります。社会の歯車となることを奨励しているかのような違和感も覚えます。

「自分の頭で考えることなく、言われたことだけをやって、アイデアも創意工夫もなくイノベーションなど興せない、つまらない大人になってしまう」

そんな不満を持っていたことは、事実です。「このままでは日本の未来は暗い」などと心配したりしたものです。

それがまったくの杞憂であると分かるまで、どれくらいの期間を要したでしょうか。いつからそんな無用な心配をし始めたのかは定かではないですが、2020年を迎えようとするあたりから私には別の景色が見え始めました。

現代の日本の学生、あるいは若者たちが一見すると、従順でおとなしくしているのは、仮の姿です。自分たちの野望と言うか本音を隠すために、あえてそうしているのではないかという仮説を持つようになります。

若い人たちが面従腹背するのは、静かなる革命――。私には、そんな気がしてなりません。

21世紀の怒りを理解するヒント

現代の日本の若者たちも怒っている

大人たちがつくったルールが日本の活力を奪っている

私は就職活動や偏差値については、日本の低い生産性を上げることに1ミリも寄与しないし、意味がないと思っているから批判しています。そこには少なからぬ怒りが存在します。

とは言っても、当事者ではないし、それを改善できる立場にもいないので、できることは限られます。犬の遠吠えだという自覚は持っているし、おそらく今後も批判を続けることでしょう。

講演会などで学生と話す時間があるとき、私は「キミはどう思っているの？」と、就職活動や偏差値についてそれとなく聞くことにしています。残念ながら、私のように「ヒドイですよね！」「やめてもらいたいです！」と怒りにあふれた発言をする人はいません。

「まぁ、仕方ないですよね……」と、淡々と語る学生がほとんど。なかには「リクルートスーツのほうが着回しできるし、経済的でラクなんですよ」と語るチャッカリした学生もいます。そうした発言を聞いて、私も「キミたちもこんなつまらないことに付き合わされて大変だな」と同情するかのような発言をしていました。

私自身は、無個性を強要する就活や、テストだけで人を評価する偏差値については今すぐやめなければならないと思っていますし、それが日本の活力を奪っているのではないかという疑問を持っています。おそらく学生たちも同じ思いでしょう。

しかしながら、また違ったところから、今の学生は大人たちがつくった就職活動や偏差値といったルールに適応しています。そのことに気づいたのは、前述したようについ先日のこと。

彼らは大人たちを喜ばせるために就活でリクルートスーツを着て、「大人の言うことに文句の一つも言わずに真面目によく働く」ように見える学生を演じています。そうすれば、大人が喜ぶし、何よりも学生自身が欲しがっている「内定」を出してくれます。

「別にリクルートスーツを着たいわけでもないし、それほど真面目でもないけど、内定がもらえるなら、まぁいいか……」

そんな軽い気持ちでいるし、実際に就活そのものをゲームのようにとらえているのでしょう。エントリーをするのも説明会に行くのも面接を受けるのも、「就活」というタイトルのゲームで、そのときどきにおいて、どうすればクリアできるかを考えているかのようです。

一つの局面をクリアしたら、次の局面に進む。クリアするごとにポイントがもらえて、パワーアップする……。

「そうか、ゲームだと思っているのか。そうでもしなければ、就活という『くそゲー』を乗り越えられないよな」

彼らの身の上を案じて、私は暗澹たる気持ちになったものです。彼らに窮屈な思いをさせて、何一つ恥じない大人たちに対する怒りが私の中に込み上げてきます。

21世紀の怒りを理解するヒント

やりたくないことはゲームとしてとらえる

怒らない日本の若者はニュータイプ

就活なんて意味がない。偏差値で一人の人間を評価することはできない……。

そんな批判を繰り広げてきた私ですが、あるとき突然、分かったことがあります。

それは、現代の若者が大人たちのつくったルールに異議も唱えず唯々諾々《いいだくだく》と従っている理由。

ゲームとしてとらえて、やりたくないものも楽しんで取り組んでいる――。そう前述しましたが、それだけが理由ではありません。

若者は、もっと先を見ています。彼らは、いずれ自分たちが新しいルールをつくる時代がすぐそこに来ていること、なおかつそのときに自分たちの思うとおりにルールを変えていくことができると、気づいています。

ゲームをプレイする側からメイクする側にチェンジする。それが何年後のことなのかは私には分かりませんが、若い人たちにはうっすらとでも見えているのかもしれません。

もっともらしく言えば、世代交代。頼りなく映る若者でも、何年、何十年もすれば、責任感を持った大人になり、社会の中心で活躍するようになります。

今、社会で活躍している壮年の人たちもかつては若者。その上の世代の人たちからは「今の若い者は……」なんて揶揄《やゆ》されていたはずです。それでも世代交代がなされて、今は社会の中心で活躍しています。そして自分たちも言われたように、「今の若い者は……」と、これから社会に飛び出してくる、頼りなさそうな人たちを酷評しているのかもしれません。


いつの時代でも、上の世代から見ると、若い人たちは頼りなく映るものです。それは、これからも変わることはないでしょう。

今、社会の中心をなしている人たちの何十年か前も、現代の若者も、頼りなさでは五十歩百歩。そう言っても、過言ではありません。

違いを挙げるとすれば、今の若者がそれ以前の大人たちが持っていないものを持っていること。それがあるから、今の若者は唯々諾々と大人たちに従いながら、なおかつ先を見ることができます。

大まかに言うと、次の三つ。

「デジタルネイティブであること」

「多様な価値観を持っていること」

「英語が話せること」

一つひとつは他愛ないものかもしれませんが、三つ揃うと立派な「武器」になります。それは、グローバル化、IT化、価値観の多様化がますます加速する21世紀後半には、なくてはならないものです。「デファクト・スタンダード」になると言ってもいいくらいです。

今の大人たちの中にも、この三つを持っている人はもちろんいます。だからこそ社会の中心で活躍できているわけですが、世代で見ると、武器を持っている人の割合は、圧倒的に若者のほうが多くなります。それは、否定できない事実です。

今の若者は、それまでの世代が持つことのなかった武器を最初から兼ね備えていま す。日本の歴史を見渡しても、ほかに例がないような「ニュータイプ」です。

そうした武器がないと、これからの時代に生き残っていくことができないことも知っています。とは言え、持っていることをひけらかしたりしません。
今の若者は、先を見ています。先を見ているからこそ、就活でリクルートスーツを着ることや偏差値に対して多少の不満はあっても異議を唱えることもなく、おとなしく従っているのです。それは、今の若者なりの生き方です。

21世紀の怒りを理解するヒント
先が見えているから現状が不満でも怒らない

若者が体制をハックする

今の若者は、表面的には怒ってはいません。大人たちがつくったルールやシステムには従っていますし、これといった不満もなさそうです。

彼らを動かす大人たちからすれば、どことなく頼りなく見えても、言うことを聞いてくれます。しかも立派な武器を持っていますから、彼らがそれを駆使して活躍しても、おいしいところは権限を持つ自分たちがとることができます。

まことに都合がいい存在。怒ることがないし、扱いやすいと思っているのかもしれません。

それは、うわべだけのこと。若者のほうはと言えば、武器を持たず、ただエラそうにして価値観を押しつけてくる大人たちを軽蔑まではしていなくても、「ウザい」と思っています。少なくとも尊敬の対象ではありません。

仕方なく言うことを聞いている……。そういう面従腹背的なところがあります。若者の本音は、おそらくこうです。

「自分たちに任せてくれれば、今よりもっと生産的で面白いことができるし、グローバルに展開することも可能。でも、大人が『そんなものはダメだ』と口を出すから、つまらないものしかできない」

若者は、実は古い価値観を金科玉条にする大人たちに怒っています。それを口に出さないのは、言っても意味がないから。**今は「ハイハイ」と、黙って従っています。それが、若者なりの処世術。**

これだけなら、かつての若者たちとそれほど変わっているように見えません。先を見ている今の若者の違いは、ここから。

デジタルネイティブである若者が前面に出て社会の至るところで行動すれば、バブル崩壊後、30年も停滞する日本が活性化するでしょう。彼らが持っている武器を駆使すれば、不可能ではないように見えます。

若者たちにも、その自負はあります。ただ焦ってはいません。「いずれ自分たちが中心となる時代が来る」と分かっているからか、むしろのんびりしています。あるいは「今はまだ力を蓄えている時期だ」と、隠忍自重《いんにんじちょう》しています。

彼らは、自分たちが社会の中心になる何年、あるいは何十年か先のことを見据えています。そのときが来るのを、虎視眈々《こしたんたん》と待っています。

しかも**時代が、若者たちを後押しします。**これからますますグローバル化、ＩＴ化、価値観の多様化が加速するのは間違いありません。

そうした激しい変化に対応するには、今、社会の中心を担っている世代よりはるかに有利です。彼らの持っている武器が重宝されることでしょう。そのときには今の無意味なやり方やルールを変える。もっといい社会になる！」

そんな本音をおくびにも出さずに、大人たちのつくったやり方やルールに文句一つ言わず、従っています。大人たちも「覇気がない」「夢がない」「やる気が感じられない」とか不満を言いながらも、自分たちの価値観に染めようとしています。

現実にそのやり方やルールに従ってくれているから好都合。大人たちは枕を高くして寝ていますが、それもいつまで続くでしょうか。

面従腹背していた若者たちが、社会の隅々まで押さえて、自分たちがつくった新しいやり方やルールを浸透させていく。大人たちが気づいたら、自分たちのやり方やルールが通用しなくなって、浦島太郎状態になっていた……。

ある日突然、社会がガラリと変わってしまう――。人間社会にはそういうことがあります。日本では、明治維新がその好例です。

武士中心から四民平等の社会へ――。後の時代に生きる私たちはその変化の一部始終を知っていますが、日本のほとんどの武士が関与しないところで、明治維新が起こりました。「気がついたら、時代は明治になっていた」と、あ然とした武士は、たくさんいたはずです。それは、まさに革命です。

その「気がついたら、時代が変わっていた」とあ然とするようなことが、これからの日本に起こるかもしれません。いいえ、必ず起こります。

その担い手が、怒らない若者。大人たちがつくったやり方やルールを塗り替えて、いつの間にか若者たちが体制をつくって、停滞から抜け出し活気あふれる社会をつくり出していることでしょう。

怒らない若者が起こす静かな革命――。それは、若者による体制ハックです。

いつになるのかまでは分かりませんが、それはもうすでに始まっています。気づかないでいるのは、大人たちだけです。

21世紀の怒りを理解するヒント

社会を変えるには、体制をハックする

ゲームから人生を学べる

怒らない若者は、覇気や夢、やる気がないのではありません。ひょうひょうとして、つかみどころがないのは事実ですが、「怒る」ことを選択しない、もしくは表明しないだけです。

怒らないという時点で、すぐに怒鳴ったり、イライラしたりする大人たちよりも、人間ができています。怒らない若者は、人間的にも進化しています。

大人たちがつくった意味がない、生産性がないやり方やルールには怒りを感じながらも、「仕方ない」と受け入れています。怒りがまったくなくなったわけではなく、それを伝えることをしないだけ。**「怒る」こと自体をダサイと思っています。**

そういう心境になったのは、彼らがゲーム世代であることと無関係ではありません。子どものころからゲームに親しんできた彼らは、プレイするうちに処世術を身につけたように見えます。

どんなゲームでも、最初からできるようにはなりません。うまく操作できず、またやり方も分からず、やり始めはすぐにゲームオーバーになってしまいます。

このとき悔しさのあまり、怒りに任せて画面を叩いたりコントローラーをぶん投げたりしたら、壊れてしまって、好きなゲームもできなくなります。またイライラした状態でやっても、集中できず、同じ結果になります。

目の前のことに集中して楽しみながらやっていけば、一面ずつクリアできるようになります。そのとき脳内にドーパミンが分泌されます。

「イライラは、ゲームの天敵。怒ったらゲームはできない」

ゲームを通じて、そんなことを学んだのではないでしょうか。なかなか見上げたものです。一律にゲームをする時間を規制するようなことは、ナンセンスです。

実社会もゲームと同じ。ゲームをするように対処していけば、たいていのことはなんとかなります。

何か問題が起こっても、ゲームのように目の前の事態をクリアしていくだけ。気に入らないからと言って、怒ってもムダ。ルールは変えられないのですから、それに適応していく。

もしルールを変えられるとしたら、それができるのはつくるほうだけ。つくるほうに回って、ルールを変えていく。

そんなことをゲームから学んで、これから実践していくのでしょう。後生畏《こうせいおそ》るべし。若者たちがどのように社会を変えていくのかは見えませんが、一先輩として温かく見守っていくつもりです。

ちなみに、怒らない若者の代表的存在が、落合陽一さんであり前田裕二さんです。四六時中接しているわけでないですが、彼らが怒っているのを見たことがありません。

彼らは次の時代を動かす人、キーマンとして脚光を浴びています。彼らとビジネスをしようとか話を聞きたがるオジサンが多くて、ビックリするほどです。

オジサン受けがいいのは、悪いことではありません。力を持っている人たちを逆に利用すればいいのですから……。

彼らがオジサンたちの懐に飛び込んで、古いやり方やルールを新しいものへと変えていってくれるのではないかと、期待しています。それを見て、あとに続く多くの若者がオジサンたちに「こうやるのがいいんですよ」と新しいやり方やルールを取り入れるように進言し、実際に導入されたら……。日本も停滞から抜け出すことになるでしょう。

21世紀の怒りを理解するヒント
怒らないと、人間は進化する

SNSが怒りを拡散させる

21世紀の怒りの二つ目。それが、ネット上の怒りです。
「炎上」という言葉も今や市民権を得て、日常的に使われるようになっています。何か不祥事が起こると、当事者や関係者のホームページやブログ、SNSに罵詈雑言がアッと言う間に投稿されます。ときにはヘイトまがいのものまで見受けられます。

それが拡散されると、Ｙａｈｏｏ！ニュースなどの影響力が大きいサイトで「〇〇炎上」というように取り上げられ、さらに多くの人の目に触れることになります。

私自身、過去にツイッターへの投稿が炎上したことがあり、実にたくさんの人が匿名による怒りのコメントをしてくるのを身をもって体験しました。その負のエネルギーはすさまじく、うつになったり人間不信に陥ったりしてしまう人がいるのもうなずけるほどです。

迷惑をかけてしまう人がいるのですから、不祥事は、本来は起こしてはいけないことです。当事者はその相手方に真摯に謝罪をし、償いや今後の対策について合意を得られれば、ひとまず解決です。

第三者があれこれ口を出すことではないし、正論をぶったり怒りを表明したりするのは、余計なお世話。火事場の野次馬と大して変わりありません。**第三者がＳＮＳで不祥事を起こした当事者に怒りをぶつけるのは、筋違いです。**

不祥事を起こした人の対応がまずくて不愉快になった。あるいは応援していたのに、裏切られた……。

確かにそういう気持ちになった人もいるし、怒った人もいることでしょう。だから と言って、利害関係者以外が不祥事を起こした本人に怒りをぶつけるのは、明らかに いきすぎ。本人は正義の人になったつもりで怒りに任せて正論を述べているのでしょうが、価値観の押しつけです。

その投稿を読んだ人が触発されて、さらに別の怒りを本人にぶつけていく……。ネット上でもミラーシステムが作用して、怒りが感染しドンドン拡大していきます。脳科学的に言うと、これが「炎上のシステム」です。

誰かが「それはよくないですよ」「やめたほうがいいですよ」と、諭すような投稿をすると、今度は善意のその人まで標的になってしまいます。炎上状態になると、怒りに感染した人のほうが圧倒的に多いので、善意の投稿は焼け石に水。反発を買って、かえって怒りをあおることになりかねません。こうなると、もはや「お手上げ」になります。

ネットによる炎上は、20世紀には見られないものでした。それが日常茶飯事になったのは、スマホとＳＮＳの普及に負うところが大です。

スマホで24時間どこにいても、最新の情報を入手できるようになったうえに、それに対する反応をＳＮＳでするのも容易になっています。真偽が不明な情報に対しても、「ヒドイ！」「許せない！」「サッサとやめろ！」と深く考えずに投稿できてしまいます。

そんな軽い気持ちで不祥事を起こした本人への罵詈雑言が書けるのも、匿名ゆえ。匿名だから、相手に対して平気で怒ることができます。

どんなに下劣な言葉で怒っても、不祥事を起こした人が言い返してこないと分かっているので、安心して投稿しています。匿名で罵詈雑言を浴びせる人にとっては、怒りの投稿が格好のストレス発散になっているのでしょう。

21世紀の怒りを理解するヒント

ネットでの怒りの投稿は価値観の押しつけ

怒っている人にエサを与えない

ネットで怒りの投稿をする人は、炎上することを狙っているのでなければ、ふだんは「ガマン」をしている人です。日常生活で理不尽なことがあっても、きちんと怒りを伝えることをせずに泣き寝入りしたり、「どうせ言ってもムダ」とあきらめたりしているのでしょう。

そうしたガマンが蓄積しているところに、ネットで誰か／何かの不祥事を見て、「許せない！」とイラッとします。しかも自分と同じような気持ちになって罵詈雑言を浴びせている人がたくさんいることが判明します。これで怒りが感染。「私も同じようにしていいんだ」「私も自分の気持ちをぶつけよう」と、怒りのコメントをすることになります。

もしあなたがこのような怒りの投稿をしているとしたら、やめる方法は、第一に**炎上した不祥事のニュースを見ないこと。**炎上したネット上は罵詈雑言の嵐ですから、それを避けることが自分を怒りから遠ざけることになります。

そのうえで「計算する」「笑顔になる」「カラダを動かす」「負け惜しみをする」「おいしいものを食べる」といった自分の怒りを抑える方法を実践します。この二段階を実践すれば、第三者に怒りをぶつけるなんて無責任なことをしなくなるはずです。


反対に、あなたが炎上の当事者になってしまった場合は、自分自身に怒りがぶつけられているわけですから、事態をなるべく上手に、かつ穏便に収拾したいものです。あなた自身は決して怒りに感染してはなりません。

怒っている相手は、匿名ですからほとんどが見ず知らずの人。分かっているのは、こちらのことを不愉快に感じていること。

怒っている相手を抑える方法を第3章でお伝えしましたが、ネットの世界においては通用しそうにありません。それではどうしたらいいのかと言うと、ネット上で怒りをぶつけてくる相手への対応として、大原則と言うべきものが二つ挙げられます。


一つは、反論しないこと。ネット上で怒っている人はいろいろな理由をつけて、こちらに絡んできます。あおり運転をしているドライバーのようなもので、いったん始めたらなかなか引き下がりません。

反論するのは、まさにこちらが怒りに感染している証拠。相手はさらにかさにかかってきます。

ツイッターの世界では、「トロールにエサを与えてはいけない」という有名な格言があります。トロールとは、怒りの感情を持ってからんでくる人。エサとは、反論すること。

怒りをぶつけてくる人にエサを与えてしまったら、「待ってました！」とばかりに、言いがかりをつけてきます。こちらが辟易したり音を上げたりしても追及の手を緩めることはありません。相手が飽きるまで、攻撃が続きます。

もう一つは、ブロックしないこと。相手との関係を遮断できる手っ取り早い方法のように見えますが、逆です。

別の捨てアカウントをとって、攻撃してくるのは可能で、しかもその気になれば何十、何百と取得できます。**ブロックされると、むしろ相手の闘争心に火をつける**ことになり、追及の火の手が激しくなります。相手の脳内にノルアドレナリンがさらに大量に分泌されることでしょう。

この二つの大原則を守ったうえで、**しつこい相手に対処するならば、感謝すること。**「貴重なご意見を賜りまして、ありがとうございます。今後の活動の参考にさせていただきます」と、お礼を述べるくらいが無難です。

こちらが感謝の気持ちを表明すれば、相手もそれ以上こぶしを振り上げることが難しくなります。「ミラーシステム」が作用して、怒りを持ち続けることに違和感を覚えるようになります。「まぁ、このへんでやめておこうかな」と、矛《ほこ》を収めやすくなっています。

下手に言い訳をしたりすると、必ず揚げ足を取られます。敵もさる者で、重箱の隅をつつくようなことが得意です。どんなに腹が立っても、感謝して終わり。それくらい毅然としたほうが、功を奏すものです。

21世紀の怒りを理解するヒント

ネットで怒りをぶつけてくる人にエサを与えない

20世紀のオジサンはもはやオワコン

あえて怒らない若者。ネット上の怒り。21世紀になって顕著になった二つの怒りについて、お話ししてきました。

実は、この両方に共通する裏テーマがあります。それは、時代に取り残されているオジサン。

若者の怒りのターゲットとなっているのは、オジサン（今、社会の中心をなしている多くの大人という意味合いです）。またネット上で不祥事を起こした人に絡んでくるのも、オジサン。

いい悪いは別にして、**21世紀の怒りの主役は、オジサンです**。私の体感で言えば、駅やコンビニ、食堂などで怒っているのは、圧倒的にオジサンです。オフィスで怒鳴っているのも、ほとんどオジサンでしょう。

日本がGNA世界一になってしまった立役者も、オジサン。そう言っても、言いすぎではないはずです。同意してくれる読者も多いと、勝手に読んでいます。

なぜオジサンは怒るのか。21世紀の怒りと深く関係してくるので、そのことをお話ししていきます。


日本の若者が内心では怒っていながらも、「まぁ、仕方ないか」と受け流して面従腹背しているのは、彼らなりの処世術です。彼らが口に出すことなく内で怒っているのは、オジサンたちが価値観を押しつけてくること。

その価値観とは、「決まりごと」「真面目・勤勉」「高い理想や要求」「忍耐・ガマン」「横並び・集団主義」です。この価値観に反する者がいると許すことができず、怒りを露わにします。

こうした価値観はオジサンたちが高度成長期、バブル期に当然とされていたこと。この人たちにはこの価値観を貫いてきたから、日本が世界第二位の経済大国になったという自負があります。

ある意味では、**五つの価値観はオジサンのレーゾンデートル**。これを「守ってきたからこれまでうまくいったし、これからも守ればうまくいく」と思っています。

若者たちがその価値観をないがしろにしようとすると、烈火のごとく怒るのは、レーゾンデートルを否定されたように感じるから。守ろうとしない若者には説教することになり、それがウザがられる要因になっています。

若者のほうはその価値観については一部認めつつも、「守っていればいい」とは思っていません。むしろ変化の激しい時代に金科玉条のようにすることは足かせになると気づいています。それを説明するのも面倒なので、先を見据えて面従腹背しています。自分たちが主導権を握ったときには「新しい価値観でやっていこう」と思っているのです。

オジサンのほうは面従腹背する若者に安心しながらも、変化の激しい時代に生き残ることに不安を感じています。「価値観を守っていればいい」というのは、あくまでも気休め。

若者のように、これからの時代に必須な武器を持っていません。不安・不満・不調を感じることが多くなりますから、日常的に怒りのモトを抱えているということです。その怒りの矛先がどこに向かうのかと言うと、ネットです。

私の体感になりますが、ネット上で怒りをぶつけているのは、圧倒的にオジサンです。これは、当てずっぽうで言っているのではありません。きちんとした根拠があることです。

私が不登校の小学生ユーチューバー「ゆたぼん」と対談し、「頑張れ。学校なんか行かなくていい」というエールを贈る発言をすると、ツイッターに反論する投稿が送られてきます。

「学校に行かないのはよくない」「不登校では集団生活ができなくなる」「勉強しなくなる」……

もっともらしいことを言っていますが、説得力に欠けます。今や家にいても勉強できるし、コミュニケーション能力や集団生活の適応力は学校に行かなくても身につけることができます。この投稿の主がオジサンだと判断せざるを得ないのは、文体も価値観も古くさいからです。

私のツイッターへの反論だけでオジサンだと決めつけているのではありません。炎上しているほかの人のツイッターやサイトを見ると、発言主の文体が古くさいし、センスも感じられません。私には、時代に取り残されたオジサンがネットで怒りをぶちまけている姿がありありと想像できます。

時代がドンドン変化していって、自分たちが信じていた価値観が浸食されてなす術もなく怒り狂っている。自分たちはその変わりつつある時代に対応できていない……。

その姿は、オワコンそのもの。これが、20世紀のオジサンです。

21世紀の怒りを理解するヒント

21世紀に怒っているのは、20世紀のオジサン

メタ認知できていないから怒る

自分自身をまるでほかの人が見るように客観的に分析していくことを「メタ認知」と言います。脳には、このメタ認知の機能があります。

残念ながら、それは意識しないと機能しなくなります。このメタ認知がうまくできないと、周りの人から「イタイ」とか「ウザい」と見られるようになります。

本人にその事実を告げてくれる親切な人はまれです。気づくには、自分でメタ認知を働かせるしかありません。

このメタ認知ができていない代表的存在が、時代に取り残された20世紀のオジサン。自分が信じる価値観を押しつけ、それを順守しない人には怒り、時代への変化に適応できない不安・不満・不調のはけ口として、ネットに罵詈雑言の投稿をします。「イタイ」「ウザい」と遠ざけられるのは、当たり前。オワコンと化していることに気づいてもいません。それは、メタ認知できないから。

このメタ認知は、「怒らない脳」へのセットアップを加速させます。**メタ認知が機能すれば、前頭葉による感情コントロールを促し、脳の連係プレーを促します。**怒りにハックされることもありません。思考停止になることもなく、そのときどきにおいて最適な意思決定ができます。

自分自身を客観視できていれば、イライラしてきても、それを抑える行動ができます。相手にそのイライラをぶつけることがありません。

怒りが込み上げても、相手にきちんと表明することができます。自分に伝染しないように、相手の怒りを抑える行動も素早くとれます。

メタ認知できていないから、オジサンは怒るのです。怒らないオジサンは、メタ認知できています。

このメタ認知の機能を強化するには、怒らない人になる習慣を身につけ実践していくこと。怒りをうまく伝える方法も実践できるようになれば、なおいいでしょう。

メタ認知と「怒らない脳」は、コインの裏表のようなもの。どちらかを強化すれば、もう一方の機能もアップします。

あなたが怒ってしまうのは、メタ認知できていないから。怒りに脳がハックされてしまっているので、自分自身を客観的に見ることができません。周りからは「イタイ人」「ウザい人」に映っています。

それでは、まるで20世紀のオジサン。時代に取り残されてオワコンになるのを待つばかりです。

それでいいのでしょうか。メタ認知できない「イタイ人」「ウザい人」になりたい人などいないはずです。

それを回避するのは、あなたの脳を「怒らない脳」に変えていくこと。それは一朝一夕には変わっていきませんが、じっくり取り組んでいけば、いつの日か変化を実感できるようになっています。

あなたが怒らない人になり、メタ認知を働かせて、仕事でも勉強でも成果を挙げている——。そのヒントは、本書の中にあります。

21世紀の怒りを理解するヒント

メタ認知できないのは、イタイ人でありウザい人

この章のまとめ

- 21世紀特有の怒りは、若者による面従腹背的な怒りとネット上の怒り。
- 怒らない日本の若者は、人生をゲームのようにとらえている。
- ニュータイプは、三つの武器を持っている。①デジタルネイティブである②多様な価値観を持っている③英語が話せる
- 体制をハックする若者が、ある日突然、静かな革命を起こす。
- SNSへの怒りの投稿への大原則は、「反論しないこと」と「ブロックしないこと」。
- 20世紀の怒れるオジサンは、もはやオワコン。
- 「怒らない脳」とメタ認知は、コインの裏表のような関係にある。

おわりに

最後まで本書をお読みくださり、ありがとうございます。

怒りをテーマにした本を出版するのは、私にとって初めてのことです。この依頼が来たとき、「なんで私に？」と、正直に言って驚きを隠せませんでした。

なぜ人は怒るのか。怒るとき脳はどうなっているのか。どうしたら怒らないでいられるのか……。

そうしたテーマについて、多くの読者が関心を持っているのは十分に理解しています。また「怒りと脳の関係について脳科学者が語る」という趣旨についても納得できます。それでも「私でいいのか？」と、ためらってしまったのは、何度も言うように、私が怒る人だったからです。

「いくら脳科学者だとは言え、怒りっぽかった人間が『怒らない方法』を書いたって、説得力がないだろう」

率直にそう思ったのは、事実です。受けようかどうしようか、ちょっと迷いました。

返事をしないまま次の仕事に移動するために、ぼんやり歩きながらどうしようか考えているると、こんなことを思いつきます。

「怒りっぽい人間が怒らなくなった。その体験も交えれば、読者にとって役に立つ本になるかもしれないな。イライラしやすい人の立場に立って、怒らない方法を提案するのもいいかもしれない」

そうしてでき上がったのが、本書です（これは、デフォルト・モード・ネットワークがうまく働いてくれたおかげです）。自分なりに一風変わったユニークな本が誕生したと自負しています。

怒りを抑えるとっさの対処法、怒りの伝え方、怒らなくなる習慣については、突拍子もないもの、意外に感じるものもあるかもしれません。それらは脳科学的見地から導き出したものですが、人によって合う／合わないがあります。すぐに効果が出るものもあれば、なかなか身につかないものもあるでしょう。試行錯誤しながら、取り入れてくだされば幸いです。

怒りには、いいものと悪いものがあります。いい怒りはイノベーションに発展させて、悪い怒りは先送りしながらやがて消してしまう……。それが、怒りと上手に付き合う方法です。

上手に付き合えるようになれば、脳が怒りにハックされることもありません。メタ認知できて、仕事でも勉強でも成果を挙げられるようになります。

怒りと上手に付き合うことが、「怒らない脳」になること。それは、誰にでもできることです。

あなたの脳を「怒らない脳」に変えていきましょう！

茂木健一郎

■著者略歴
茂木健一郎（もぎけんいちろう）
脳科学者。ソニーコンピュータサイエンス研究所シニアリサーチャー。1962年、東京生まれ。東京大学理学部、法学部卒業後、東京大学大学院理学系研究科物理学専攻博士課程修了。理学博士。理化学研究所、ケンブリッジ大学を経て現職。『脳と仮想』（新潮社）で小林秀雄賞を、『今、ここからすべての場所へ』（筑摩書房）で桑原武夫学芸賞を受賞。

もうイライラしない！　怒らない脳
怒る自分、キレる他人に対処する科学的メソッド

第1刷　　2020年3月31日

著　者　　茂木健一郎
発行者　　平野健一
発行所　　株式会社徳間書店
〒141-8202　東京都品川区上大崎3-1-1
目黒セントラルスクエア
電話 編集(03)5403-4344／販売(049)293-5521
振替 00140-0-44392
印刷・製本　図書印刷株式会社

本書の無断複写は著作権法上での例外を除き禁じられています。
購入者以外の第三者による本書のいかなる電子複製も一切認められておりません。
乱丁・落丁はお取り替え致します。
© Kenichiro Mogi 2020, Printed in Japan
ISBN978-4-19-865056-8

徳間書店の本

好評既刊！

最高の雑談力

結果を出している人の脳の使い方

茂木健一郎

お近くの書店にてご注文ください。